# 说好不分手

## 如何体面地挽回一段感情

九颜 著

清华大学出版社

北京

本书封面贴有清华大学出版社防伪标签，无标签者不得销售。

版权所有，侵权必究。举报：010-62782989，beiqinquan@tup.tsinghua.edu.cn。

图书在版编目(CIP)数据

说好不分手：如何体面地挽回一段感情/九颜著．—北京：清华大学出版社，2021.4（2021.6 重印）

  ISBN 978-7-302-57519-1

  Ⅰ．①说… Ⅱ．①九… Ⅲ．①情感—通俗读物 Ⅳ．① B842.6-49

中国版本图书馆 CIP 数据核字 (2021) 第 027201 号

责任编辑：陈 莉 高 屾
封面设计：周晓亮
版式设计：方加青
责任校对：马遥遥
责任印制：刘海龙

出版发行：清华大学出版社
    网　　址：http://www.tup.com.cn，http://www.wqbook.com
    地　　址：北京清华大学学研大厦 A 座　　邮　编：100084
    社 总 机：010-62770175　　邮　购：010-62786544
    投稿与读者服务：010-62776969，c-service@tup.tsinghua.edu.cn
    质 量 反 馈：010-62772015，zhiliang@tup.tsinghua.edu.cn
印 装 者：三河市吉祥印务有限公司
经　　销：全国新华书店
开　　本：148mm×210mm　　印　张：7.875　　字　数：156 千字
版　　次：2021 年 4 月第 1 版　　印　次：2021 年 6 月第 3 次印刷
定　　价：48.00 元

产品编号：090512-02

# 前 言
Preface

年少时总以为,爱情如磐石、大海、常青树,坚贞、博大而常青。长大后才发现,爱情如同塑料、皮革、丝绸,也会变硬、变冷、变脆,稍不留神就会开裂。

相爱只需要一点点荷尔蒙,相守则需要巧手经营。就像亦舒在《玫瑰的故事》里所说的,两个人在一起生活,岂是一项艺术,简直如修万里长城一般,是一项艰苦的工程。

相守的恋人都是相似的,分手的恋人则各有各的理由:也许是性格不合,也许是三观不同,也许是长处异地,也许是父母反对……

分手之后,被分手的一方往往会陷入巨大的痛苦,总想着挽回前任。但是如果挽回的方式不对——如"一哭二闹三上吊",反而会将对方推得更远。

那么,什么才是正确的挽回方式?

在咨询与指导数万起挽回案例的基础上,笔者将导致分手的原因、即将分手的迹象、分手后的心态调整、分手后的挽回方式、挽回后如何进行后续的情感经营,等等,一一进行详细解析。

通过阅读本书,你将懂得:

与伴侣的矛盾冲突不断升级导致的分手,应该如何及时化干戈为玉帛，拉近心灵的距离；

与伴侣两地分隔，不能给予彼此应有的陪伴导致的分手，应该如何解决实际困难，让对方真正感受到你的真心和诚意；

父母反对导致的分手，应该如何重塑自身形象，赢得对方家庭的信任与好感；

如果分手后对方迅速开始新恋情，是否还有必要挽回；

如果分手后对方还与你正常聊天，是否真的代表可以挽回；

如果分手后对方拉黑了你的所有联系方式，是否还有挽回的可能；

……

曾经有一首歌这样唱道："有些人走着走着就散了，有些事看着看着就淡了，有多少无人能懂的不快乐，就有多少无能为力的不舍。"

当对方跟你走散，请别一味伤感，马上打开本书学习爱情挽回术，你会在下一个街口追上他(她)，拥抱他(她)。

这次，请你抱紧了。

九颜

2020 年 10 月

# 目 录
Contents

## 第一章 从牵手到分手的距离 / 001

说出你想要的口红色号,才能避免收到"死亡芭比粉" / 002

送礼物被女友嫌寒酸,这样的感情还要继续吗 / 005

男生不秀恩爱是不是就代表不喜欢女朋友 / 008

男朋友一天不联系你,是否代表不爱你 / 012

为什么男友坚持和你分手?因为你太"作"了 / 015

## 第二章 被分手有哪些迹象 / 021

他真的像他说的那么忙吗 / 022

突然增多的吵架,是因为你做得不够好吗 / 023

为什么对她那么好,却还是被分手 / 025

女朋友与其他男生单独约会一定有问题吗 / 027

为什么很多男生都不主动提分手 / 030

## 第三章 如何度过分手后的第一夜 / 035

分手之后,要尽快破除"心锚" / 036

做个合格的前任,就像死了一样 / 040

分手后，还会遇到更好的人吗 / 043

和另一半冷战期间，适合做什么 / 046

分手后男生的感受是怎样的 / 050

分手后女生还会想念前任吗 / 055

## 第四章　有多少分手可以挽回 / 059

当你努力挽回时，你在挽回什么 / 060

分手后还能正常聊天，挽回的概率有多大 / 063

与前任复合，需要解决哪些难题 / 067

如何区分假性分手与真性分手 / 072

发信息给对方还有回复，是不是假性分手 / 077

分手后对方无缝衔接，还有必要挽回吗 / 081

前任有这十五种表现，证明对方心里还有你 / 084

分手后拉黑了联系方式，还能挽回吗 / 087

分手时，是否该找对方把问题说清楚 / 090

判断你的前任是否值得挽回 / 093

挽回过程中，你可能犯的错误汇总 / 098

因性格不合导致的分手，还能挽回吗 / 101

男生提出分手后，还会回来找你吗 / 103

被女生"作"跑的男朋友，还能挽回吗 / 108

## 第五章　挽回大师的十三项秘籍 / 111

挽回之前，先做好复盘这一步 / 112

做好挽回的初期准备 / 116

找准挽回的最佳时机 / 119

挽回前任时，该怎样破冰聊天 / 122

关注感丧失导致的分手，该如何挽回 / 125

分手后，该如何利用断联挽回 / 129

分手多年，怎么挽回才不尴尬 / 131

挽回成功必须经历的四个战略阶段 / 137

前任不回你的消息，该怎么挽回 / 141

挽回对方时该不该送礼物 / 147

父母反对的感情如何挽回 / 151

如何挽回已经有新欢的前任 / 157

失恋挽回定制攻略：根据伴侣人格特质制订特殊挽回计划 / 161

## 第六章　挽回成功只是开始 / 173

懂得男女思维差异，才能更好地经营爱情 / 174

两性关系中最重要的是什么 / 179

给彼此留点空间，爱情才能茁壮成长 / 184

查手机、查微信、查QQ？别让这些操作毁掉彼此的信任 / 187

怎样确定你的恋人是适合的结婚对象 / 190

## 第七章 挽回案例实战解析 / 197

异地恋分手后想挽回，前任却不同意我去她的城市 / 198
被男生判定为"绿茶"，还有机会挽回吗 / 203
挽回已经有新欢的前任，算不算"挖墙脚" / 208
挽回时，为什么对方总是不愿意给第二次机会 / 215
利用男生的捕猎心理，让绝情的他后悔离开你 / 218
帮助老公重振事业，他却想要和我离婚 / 226
脾气太大气走男朋友，只用一招成功挽回 / 230
被前任讨厌到拉黑，竟然也能顺利挽回 / 235

# 第一章 从牵手到分手的距离

"我们曾相爱,想到就心酸"——一句歌词唱出了多少人深埋心底、不肯示人的伤痛。有的人,错过了就是一辈子。别说相守,就是相见,也会变成一种奢望。

在午夜梦回时,你是否认真想过,当初究竟为什么分手?

## 说出你想要的口红色号，才能避免收到"死亡芭比粉"

一次，我和女朋友去餐厅吃饭，听到邻桌两位姑娘在"吐槽"。

其中一位抱怨，男友竟然送她"死亡芭比粉"的口红。

另一位问："你之前告诉过他，你想要什么色号吗？"

"这种事情还需要我告诉他吗？再说，如果直接说出来，收礼物还有什么惊喜？"

女朋友一脸嫌弃地吃着米饭，淡淡地说了一句："这个小姑娘简直有毛病。"

并不是我女朋友情商有多高，而是她过去的恋爱经历让她在处理这种问题的时候更加成熟了——想要什么她都会直说。你帮她做到了，她会很开心；你做不到，她也会表示理解。

"新出的那个色号挺好看的，但是我没钱了，你能送我一个口红吗？"

"要打电话出去打，没看见我正在看电视剧吗，吵到我了！"

这就是我们的日常交流。

我们的感情非常好，她从来没让我猜过什么，耿直得要命。

女朋友说，只有不成熟的小姑娘才会在这种事情上让男朋友猜来猜去。

原因有两个：

第一，她们还不知道，即使关系再亲近，对方也不可能了解你的全部想法；

第二，对于你的诉求，对方能有个回应，愿意为你去做一些事情，已经很不容易了。

我们先说第一条。

我十分理解为什么有的女孩子会有这样的表现，因为在很多女孩子心中，男朋友是最亲的人了。

所以她们生气的背后，透露着一种失望：我们两个人的关系这么亲近，这种事情是你本来就应该知道的，不需要我说才对。

但是，人的想法本身就是复杂的，陪伴我们二三十年的父母有时候都猜不出我们的心思，又怎么能指望一个相识不久的人完全了解你呢？

再来说第二条。

上面介绍过，即使关系再亲近，对方也不可能了解你的全部想法。这就意味着：有时候，你认为理所应当的事情，别人会觉得不可理喻。

就好像你从来不玩游戏，当然会觉得把时间和金钱浪费在这上面毫无意义，一个游戏有什么好玩的；但是在男生看来，游戏带来的好处实在太多了，如放松压力、发泄情绪，甚至能维护兄弟情义……

因为你们本就是两个人，所以，如果你不说出自己的诉求，对方就没有办法做你期望的事情。这样解释，你是不是就认为合理了？

他不是不对你好，也不是故意和你对着干，他根本就不知道你想要的礼物是哪一个，如何买来送给你？

但是，如果你说出自己的诉求，对方愿意去做一些事情满足你的愿望，不就已经是特别爱你的举动了吗？

就像上面那个姑娘的事情，仔细想想，现在年轻人手头都不宽裕，男朋友知道你爱化妆，愿意给你买口红，这不就已经很好了吗？

虽然没有买到你喜欢的色号，但是你不说出自己想要的是什么颜色，他怎么会知道呢？他知道你喜欢化妆品就不错了。

因此，如果想要什么，可以直接说，不要觉得这么做没意思。

你要明白：你提出要求，对方愿意尽力做到，就已经表明他对于你，对于你们之间的关系，是非常重视的。这段感情，是值得走下去的。

## 送礼物被女友嫌寒酸，这样的感情还要继续吗

曾经有一位大学男生找我咨询，原因是，他省吃俭用一个月，攒了500元钱，在情人节时给女友买了一个中档品牌的包。结果女友嫌礼物寒酸，让她丢脸，两人陷入冷战。

在这里，我们暂不考虑这个礼物是否寒酸，先讨论一下，给女朋友送礼物，该怎么送，才能达到最佳效果。

首先，我们可以将礼物分为两种类型：

第一种是实用性礼物，第二种是炫耀性礼物。

实用性的礼物是女朋友平时需要用到的、解决一定需求的礼物；炫耀性礼物是用来撑场面的、可以赢得别人羡慕嫉妒恨的礼物。

很多时候，男生以为女朋友生气是因为礼物太便宜，事实并非如此。

我读大学时交往过一个女朋友。冬天到了，我花了四五十元钱，给女朋友买了一大包暖宝宝，女朋友感动地说"你真贴心"；上课的时候，我听女朋友上台做报告时喉咙沙哑，第二天就给她买了润喉糖，不到20元钱，女朋友说"还是你会疼人"。

但是，设想一下，如果我花70元钱给女朋友买一支口红或者买一瓶香水，估计会被她嫌弃，即使我在这个礼物上花的钱比前两个礼物加在一起都要多。

这是为什么呢？

因为前两者是实用性礼物：冬天，女朋友出门被冻得瑟瑟发抖，暖宝宝恰好满足了她的实际需求；她上火、嗓子不舒服，润喉糖刚好可以帮她润润嗓子。所以，对于这两种礼物，她不看重价格，只要管用，就算送进了她的心里。

但是后者更像是炫耀性礼物：这个女生收到礼物后，她的舍友、闺蜜都会过来围观。这个时候，如果礼物很便宜，这个女生脸上是挂不住的，会感觉自己特别没有面子。

我再举一个例子：平时出去吃饭，你请女朋友吃一顿麻辣香锅，可能会令她高兴半天，因为她不止一次在你面前说，她最近馋麻辣香锅。

但是，如果在周年纪念日的时候，你带她去吃麻辣香锅，你猜女友会不会当场发飙？

因为在周年纪念日这样重要的日子，女生是很有可能去发朋友圈炫耀的。

如果出现在朋友圈中的是你们一起吃麻辣香锅的场景，那么传递出来的信息可能有两个：一是"我的男朋友没钱"，二是"我的男朋友对我不重视"。

那么，这还能构成一种炫耀吗？怕是女朋友只会觉得丢脸吧！

现在，我们回到之前的话题。

送中档品牌的包给女朋友作为情人节礼物，女朋友产生不满情绪，其实是有道理的。因为在这个很重要的节日里，礼物的炫耀性是大于实用性的。

当她想要收到一个值得炫耀的礼物时，却收到了一个不值得拿来炫耀的东西，她不开心也在情理之中。

所以说，**男生在送礼物给女朋友的时候，需要遵循这样一个原则：**

**送实用性的礼物时，从小事入手，解决对方的实际需求；送炫耀性礼物的时候，不应该选择太日常化的东西。**

我们先来说实用性的礼物，如：女朋友例假的时候买姜茶，下雨的时候送雨伞，泡图书馆的时候给她准备一个小抱枕……

再来说炫耀性的礼物，这样的礼物没有必要经常送，但是只要送，就要送得大方得体，让对方有惊喜的感觉。

比如我们在开篇提到的男生，同样是花500元钱，如果不买中档品牌的包，而是买一大捧玫瑰花送给女朋友，效果是不是会好很多？

因为对于女孩子来讲，中档品牌的包只是一个普通的日常用品——甚至她平时自己买的包可能都比这个好，所以她收到礼物时是没有惊喜的；但是一大捧玫瑰花，是她平时不会经常收到的——不仅她不会经常收到，她的闺蜜、舍友同样不会经常收到，这个时候，她才会产生被羡慕的优越感，而你送礼物的目的也就达到了。

所以说，对于炫耀性的礼物，要么不送，要送就要送出效果，即让周围的人羡慕。

## 男生不秀恩爱是不是就代表不喜欢女朋友

在一些人的观念里，男生不愿意在社交平台发布动态是很正常的事情。所以当女生质疑男朋友为何不在微博、朋友圈秀恩爱的时候，总有一些人劝女生要"懂事"，要"识大体"，要"理解男朋友"。

但是，我非常不赞成女生在这件事情上选择"懂事"和"理解"。

女生普遍很敏感，又缺乏安全感。

在恋爱中，女生的安全感来自两个方面。

一种是自己给的。如果这个女生又漂亮又优秀，又自信又独立，那么她可以给自己足够的安全感。

另一种是伴侣给的。只要女生不是那种本身就喜欢胡思乱想的人，如果男朋友能够做到最基本的体贴和忠诚，一般也是能够获得足够的安全感的。

男朋友不在社交平台秀恩爱，我们似乎不能因此就武断地判定他不体贴、不忠诚，或者不爱自己的女朋友；但是，这种行为确实会令女生感到一些不安。

对于这种情况，我一般建议女生坦诚沟通，表达希望对方公开恋情的意愿。

不管对方是出于什么原因不想在社交平台公布恋情或秀恩爱，作为女朋友，首先需要做的不是指责对方，或者质疑对方的感情；而是坦诚沟通，了解对方为什么不想秀恩爱，并表达自己希望对方公布恋情的意愿。

可是，如果你再三要求以后，对方还是不愿公开恋情，并且找各种理由搪塞，作为女生，就需要重新考虑一下彼此之间的关系了。

我在现实生活中见过太多这样的例子了。

有一些人，在大学毕业后独自来到新的城市。此时，他和大学时期的恋人并没有分手，但是在新的工作环境、生活环境中认识了有好感的异性，于是一边积极地跟新人发展关系，谎称自己是单身；一边欺骗大学时期的恋人，拖延着不分手。

结果，脚踏两船，两边骗，两边瞒，享受两边福利和两份爱，还要求两个恋人都对自己专一，真可谓"享尽齐人之福"。

但是，纸包不住火，终于有一天，事情败露了。

原来，他的新女朋友总觉得他很奇怪——不仅从不在微博和朋友圈发布两人相处的照片和日常情况，而且从来不介绍自己的同学、朋友给她认识；更令人生疑的是，每逢特殊节日，比如情人节、七夕、圣诞节等情侣扎堆秀恩爱的日子，男生要么出差，要么加班，很少能给予正常的陪伴。

后来，他们一起出去玩的时候，女生特意拍了两人的合照，放在了微博上，并且提到(@)了这个男生。结果可想而知，这条微博被男生的异地女朋友看到了。

最后，两个女生都了解了真实情况，都向这个男生提出了分手。

因此，对于男朋友从不在社交平台展示恋情这件事，女生真的不能随随便便就抱着"我要懂事""我要理解他"这种想法，该沟通的时候就要沟通，该提出要求的时候就要提出要求，以免被居心不良的男生耍得团团转。

如果男朋友真的喜欢你，是认真和你交往的，一般在交往初期就会恨不得向全世界"宣示主权"。

我们举几个例子吧！

男人大都是很爱面子的，如果你是个婀娜多姿的辣妹，你的美貌分分钟秒杀他所有哥们儿的女朋友或老婆，你觉得，他会不带你去朋友面前显摆吗？

如果你是一个综合条件特别好的女生，他就算不在社交平台秀恩爱，也会非常想要快点把恋情确定下来，带你回家给父母看看。

大家都清楚，优质的女生十分稀缺，尤其是他对你的各方面条件都非常满意的话，怎么可能不想先"占着"呢？

可是，如果你只是个普通女孩子，他对你不是很满意，也没有特别喜欢你，那么，当你意识到他的举动"不太正常"的时候，那么多半你就是个"隐形女友"。因为他根本没有把你当回事儿，却想继续享受作为男朋友的待遇。

如果男生喜欢自己的女朋友，即使真的不喜欢在社交平台秀恩爱，但是当对方要求公开恋爱关系的时候，他会这样回答："我觉得恋爱是两个人的事情，没有必要告诉所有人。但是我尊重你，如果公开我们的关系可以维护你的安全感，我可以公开我们的恋爱关系。"

但是，如果男朋友一个劲儿地用"不喜欢秀恩爱""不是自己的风格""女生真是麻烦""我觉得好累""微信上有很多工作伙伴，没必要让所有人知道"等理由去搪塞你，而且在你反复提出公开恋情的要求后依然如此，那么，很大概率上这个男生是有问题的。

当然，还有一部分男生，虽然在你的强烈要求下，在朋友圈公布了恋情，但是，这条消息设置了仅女朋友可见。这样的情况，问题就更严重了。

这个"问题"不一定是实质意义上的出轨，而是"公开恋情"这个行为会威胁到他的潜在利益。

举例来说，他可能是一个长得不错的小伙子，平时喜欢用暧昧去笼络女性客户，可是如果公开表示他有女朋友，那么一些潜在的女性客户就可能流失，导致他失去一些业务；还有可能，他有不少暧昧对象，一旦公开恋情，暧昧对象就可能离他而去。

如果他还不想为你"放弃整片森林"，就会出现很多考虑"成本"的想法。

我曾经见过太多的人，无论男女，对自己的另一半不够满意的时候，就不想让任何人知道，可是自己还想继续享受作为对方恋人的福利，于是就用借口遮掩搪塞对方；而对于自己特别喜欢的恋人，大部分人虽然不会特别刻意地秀恩爱，可是偶尔发出来，也不会介意。如果他介意，你就要好好想想，他"介意"的原因是什么。

面对真正的爱情，你可以放心地当个"傻瓜"，这样的"傻瓜"安心又甜蜜；在另外一些情况下，虽然真相可能会刺痛人心，但还是早些认清比较好。

如果是误会，就好好沟通，让对方了解自己的态度，如果对方做出了积极的回应，那么双方还可以继续走下去；如果不是，若不想受尽委屈，最好趁早离开对方。

## 男朋友一天不联系你，是否代表不爱你

做情感咨询这一行，我听过不少女生抱怨，男朋友追自己的时候，每天有事没事就发信息来找自己聊天；但是现在，有的时候一整天都不联系自己，是不是厌倦了，不爱了。

对于这样的问题，我们往往有一个通用的准则：如果未明确告知对方，那么不能责怪对方；如果明确告知了对方，那么不能责怪自己。

要求对方一天至少联系自己一次，和"我们要不要过七夕"这种问题本质上是一样的：两个人的两种观念，在一个问题下，因为缺乏默契而出现了碰撞。

女生一般会觉得，情侣之间每天聊天是很正常的事情；

但是很多男生可能会觉得自己一天不联系女朋友毫无问题，因为以男生的直线思维，通常会这么说："我觉得没什么事也不用整天联系吧。"

每年的七夕，我都会收到无数类似的咨询问题，很多女生都在抱怨男朋友不给自己过七夕。但是有一说一，对于很多男生来说，他们根本就没有"过七夕"这个概念。

我们转换回"情侣之间是否需要每天联系"这个问题也是一样的。

如果你没有和男朋友提前说明情况，对方都不知道你对于这件事有诉求，你就直接表现出不满和愤怒是一点用都没有的。因为在这个时候，对方只会一脸茫然地问你"我做错了什么吗？"你的愤怒和不满就像打在空气中的拳头一样虚弱无力，还会被对方这种"不知道发生了什么"的状态气得够呛。

所以在这个问题上，首先要注意的事情是：你明确地对男朋友表达过自己的诉求吗？对方明确地知道你想要什么吗？

有的女生可能会说："这种事情我怎么和他说？如果我和他说了，他依旧不理我怎么办？"

对于这些疑问，我们逐个来解决。

**1. 这种事情怎么和他说**

其实表达自己的想法和诉求并没有那么难，你坦诚直接地讲出来："我希望你能每天多少和我说上几句话，虽然有的时候没有什么事情，但即使你只是告诉我，今天你什么时候下班，吃了什么，我都会十分开心。"

这种表达方式有一个要点，就是让对方知道"你只能依靠他"。

比如："亲爱的，你要知道，我的生活其实很无趣的。正因为有了你，我的生活才变得丰富起来，所以我十分希望你能和我讲讲你每天都做了什么，跟我分享一些好玩的事情。这不仅是因为我很关心你的一举一动，还因为除你之外，没有人可以和我聊这些日常事情了。"

男生都有着强烈的英雄情结和拯救欲望，面对女朋友的简单需求，男生一般不仅会欣然答应，还会为此而产生一定程度的自信心。

**2. 如果我说了，他依旧不理我怎么办**

如果你已经明确告诉他，希望每天都与他进行一定程度的沟通，但是对方依然对此不理不睬，那么你就完全有理由生气了。无论是冷战、吵架，还是其他方式，这个时候都可以表现出来。

这个时候你需要让他认识到："你的行为已经令我感到十二分不满，如果你再不改进，我们的关系就危险了。"

这不是"作"，而是一个正常合理的诉求。

我从来都不信什么"虽然我和你谈恋爱，但是我要做我自己"这种鬼话，因为在我看来，任何一段长期关系都会改变一个人的样子，我们都会试着去为对方做出让步和妥协。

两个人都已经谈恋爱了，已经彼此绑定了，就不可以再打着"我要做我自己"的旗号在这段感情当中毫无作为了，那样很自私。

所以，如果女生没有讲出自己的诉求，就因为男朋友长时间不和自己联系而生气，这是不讲道理的，因为你不能要求对方在不了解你需求的情况下就做到百分之百迎合你。但是，如果你已经明确表达了希望彼此每天联络，而对方还是不予理睬，则说明他很自私，不愿意为了这段感情而做一些适当的改变。

所以，关于男朋友一天不联系你，是不是代表厌倦了、不爱了，你需要先问问自己：之前有没有清楚地表达过自己的诉求。

如果没有，那么你需要做的是好好沟通。

如果你已经表达了，那么现在你要做的是，表现出你的不满，告诉他："你要为这段关系做些什么，不然我们没法相处。"

## 为什么男友坚持和你分手？因为你太"作"了

就在前几天，一个女生在凌晨两点十万火急地给我发微信说，男朋友大半夜离家出走，问我该怎么办。

正昏昏欲睡的我，定睛一看女生发来的内容，一下子就精神起来了。

事情的大致经过是这样的：

男生晚上参加公司的饭局，之后和一个顺路的女同事拼车回家。女生恰巧在阳台上看到了这一幕，回到家后便开始喋喋不休地审问男生。

男生解释说：从那么远的地方回来，拼车回家可以省下一半的车费，况且那个女同事有男朋友，自己真的没有勾三搭四。

女生就是不信，凭借着第六感，就是怀疑"这两个人背地里有事"，于是抢了男生的手机，要打电话给该女同事对质。

男生拗不过她，只能狠狠地放下一句话："你要是敢给她打电话，我们就分手。"于是，男生扔下手机，转身离去。

后来，这个女生不仅给那个女同事打了电话，还把人家的微博、微信朋友圈翻了个底朝天，甚至还用男朋友的语气试探了其他男性同事的口风，都没有查到男友出轨的证据。

当女生意识到"真的是自己想多了"时，距离男生离开家已经过去三个多小时了。

这就是非常典型的"作死"行为：不相信对方的解释，不相信伴侣的所言所行，不考虑伴侣的社交关系和感受，非要通过非常极端的试探行为，自己才会感觉安心。

所以我经常思考一件事：女生，你为什么控制不住自己去"作"?

原因很简单,"作"的背后映衬的是"低自尊"。

一般来说,高自尊的人在遇到问题时,对于自我的认可度是很高的,她们愿意相信自己的魅力和实力,不到万不得已,不会逼迫伴侣去做无法接受的事情。

相反,低自尊的人往往不认同自己的价值,遇到事情的时候极其敏感,总是担心对方背叛自己、抛弃自己。

"我都这么爱你了,你为什么就不能包容我的小脾气?"这其实就是很多爱"作"的人内心最真实的写照。

在这种控制欲下,她们开始敏感焦虑、患得患失,甚至时常产生"伴侣不爱自己"的想法,并不断搜寻一些蛛丝马迹,向伴侣施加压力,让对方多在乎自己一点。在这种不平衡的心理落差下,"作"就开始了。

你明明想让伴侣多爱你一点,可是你做的所有事都将伴侣越推越远——这就是"作"的后果。

说句很真实的话,喜欢"作"的女生,往往想不明白以下三件事。

第一,在两性关系中,每个人都有着与自己价值底线相关的"容忍度",你觉得自己这么做没问题,不代表对方可以容忍你这么做。

第二,"作"和"博得关注"不是一回事,两者存在着本质上的差别。"作"或许可以让对方暂时很在乎你,努力做出一些事来让你消气、哄你开心,但是同时也很消耗对方的耐性。如果你经常"作",总有一天会将对方的耐性都消耗光。

第三，男生不是接受不了你"作"，但这个容忍度应在合理的区间内：上限取决于他对你的爱意和耐心，下限取决于最基本的道德底线。只有在这个范围内，你才可以为所欲为。

其实"作女"们都有一个共性：明明自己很爱男朋友，但总是以一种伤害对方的形式来获取自身的安全感。在"作妖"的时候，缺乏理智，往往只有对方妥协了，自己才会感到安心。

有趣的是，当女生真的把男朋友"作"跑了以后，总是补上一句："可我是因为爱他才会那样做的呀！"

但你的爱除了对他造成伤害，还有什么用啊？

成为一个不"作"的女生，其核心就在于：你能以一种高自尊的姿态，过好自己的生活。

在现实生活中，很多女生并不能意识到自己是一个"作女"，她们总认为自己的怀疑是有道理的，自己发脾气是理所应当的。

下面提供一些对照标准。

第一，经常怀疑男朋友出轨或者有暧昧的对象。

第二，喜欢查看男朋友的手机，看看他最近和哪些女生聊过天，转账记录中有没有给其他女生发的红包，美团订单上有没有买他并不爱吃的奶茶和甜品。

第三，面对男朋友的解释，一律选择不信任，非要大吵一架、大闹一场才甘心，甚至找男朋友的同事、朋友核实信息，给对方造成很大困扰。

第四，闹着要分手后，心里一直盼望对方能够低姿态找自己认错复合。如果对方迟迟没有挽回的态度，就会感到很恐慌。

第五，如果对方真的因此放弃了这段感情，你会感到委屈、愤怒，甚至找对方认错求和。

第六，如果对方拒绝复合，你会更加不甘心，认定对方出轨了，已经找好下家了。在愤怒的驱使下，你会做出一些极端行为，比如电话短信轰炸，去对方单位吵闹，甚至查对方的一切社交账号、跟踪对方，企图找到那个假想出来的"第三者"。

第七，如果对方同意复合，那么要不了多久你可能又会重复之前不断怀疑、不断求证、不断吵闹的套路。

以上这些情况，如果你符合其中的三条，就需要思考一下，自己在恋爱关系中是不是需要做出一些改善。

首先，不要把恋爱当作生活的重心，不要把男朋友当作全世界。你要有自己的人生追求，有自己的爱好，有自己的社交圈。换言之，有这个男朋友，你的生活会多一抹亮色，如果没有，你的世界也是五彩缤纷的。

其次，不要给对方太多的看管和限制。每个人都有正常的社交需求，无论是在工作中还是在日常生活中，他都不可能和其他异性保持完全隔绝的状态。比如女同事帮忙处理了一项棘手的工作，请人家喝一杯奶茶很正常，并不算搞暧昧；女客户生日，发一个666元的红包给对方，只是维护客户的正常手段，只要不是"520元"这种有特殊含义的金额，就不需要特别敏感。

最后，如果真的无意中撞见对方有一些你认为不妥的行为——记住，是无意中撞见的，不是你费尽心思调查出来的——比如和闺蜜逛街的时候看见他和女生单独在喝咖啡，这个时候你可以大大方方地走过去打个招呼，看看他们的反应；如果仍然有疑虑，过后还可以跟他说明自己的想法，要求对方给出一个合理的解释。但是，一定不要指责，不要冷嘲热讽，也不要吵闹，心平气和地说出自己的疑问就好。如果对方的解释是合理的，那么这件事就要彻底翻篇；如果对方支支吾吾，不能给予清楚的解释，那么你就需要认真考虑这段关系的走向了。

# 第二章 被分手有哪些迹象

在感情里，我们总有许多无可奈何。看着曾经深爱的人渐渐走远，最后消失不见，我们会涌起深深的无力感。事实上，我们真的无能为力吗？

没有无缘无故的相爱，也没有无缘无故的分手。只要留心，一定可以在分手之前发现种种迹象，挽爱情大厦之将倾。

## 他真的像他说的那么忙吗

男生在想要分手的时候,会做出一种非常具有"男性特色"的表现:减少投资,从这段关系中抽离。

很多男生打算和女朋友说分手,都是从一句"我最近很忙"开始的。

"我最近很忙"这句话真的很好用:

你看,我最近很忙,所以我没办法去和你约会,所以我在物质上对你减少投入是合情合理的;

你看,我最近很忙,所以我没办法和你聊天,我在情绪和时间上对你减少投入也是合情合理的。

更棒的是,你没办法反驳我。你只要反驳我,那就说明你"不懂事""太作了"。

男生们不要忙着表示不满,我知道你们的确会在某个时间段内特别忙碌。但是请你们摸着自己的良心想一想:在因为"很忙"而不和对方联系的时候,你们真的会"减少投资"吗?没有,你们做的是"补偿"。

我的老板平时工作很忙,有的时候晚饭都不能回家吃。虽然他在时间上对爱人的陪伴很少,但是他一直都带着愧疚,所以他尽可能地给予家人丰富的物质生活:尽量满足爱人的一切物质需求,让孩子接受最好的教育。

我的合租舍友在每个季度末也会特别忙,忙到和女朋友打电话都成为一种奢侈。但是这一阵忙碌的日子过去之后,他往往会特意多陪女朋友一段时间。

也就是说,当一个男生心中还有你的时候,不太可能出现长期的"减少投入",他会以各种形式补偿自己在某些方面的"缺席"。

而当一个男生以各种理由减少对你的陪伴和投资,并且长时间没有做出补偿的时候,别想了——那就是摆明了想要从这段关系当中抽离。

## 突然增多的吵架,是因为你做得不够好吗

很多情侣在正式分手之前,都会出现经常吵架的情况。

有些女生在吵架之后会反省,是不是自己做得不够好;甚至在分手之后还会一直懊悔,如果当初不跟他吵架,是不是就不会分手。

但是这些女生往往并不知道,你们不是因为吵架所以分手,而是因为对方想分手,所以在找茬跟你吵架。

这是男生在想要分手时的一个常见的表现——"引战"。

要想理解男生"引战"的原因,我们不得不提出一个概念,叫作"心理保护机制"。

对于天生具有"责任感"的男生来说,主动提出分手,

且原因是"我不爱这个女生了",会产生特别重的心理负担——他们会自责,会觉得自己违背了当初的诺言。

但是,如果因为"这个女生不好了""这个女生变了",甚至"这个女生已经配不上我了",那么在这种情况下主动提出分手,他们的内心就会好受很多。

因此,有不少女生在回忆前男友的时候,都能记起这样一段经历:那个男生在某个时间段,特别喜欢和自己吵架。

之前女生做饭他一直都能吃,但是突然之间他开始觉得这个菜糊了,那个菜少放盐了;之前女生看综艺节目他都没有表示反对,但是突然之间他开始觉得女生看综艺节目是在浪费时间,不思进取;之前女生和朋友出去逛街买衣服,他什么话都不说,但是突然他开始训斥女生乱花钱……

我们按照通常的逻辑思考一下就会发现问题。

两个人刚刚交往的时候,由于生活习惯等方面的差异,出现摩擦和碰撞是很正常的;但是交往那么久都相安无事,最近却忽然看你这也不顺眼,那也不顺眼,是不是很奇怪呢?

所以,如果你们之前一直相处得很好,倘若忽然他开始对你百般挑剔,那么可以认为,他多半是在为分手做准备。

## 为什么对她那么好，却还是被分手

来我这里咨询情感问题的男生，有不少人问过这个问题：为什么对她那么好，却还是被分手。每次看到他们的样子，我都会很心疼，一个在外面顶天立地的男人，脸上却写满了无助。

他们不愤怒吗？

也许刚开始时，他们十分愤怒，但是等到怒气渐渐消退之后，他们就只剩下了委屈、不解和无助。

因为他们想不明白：为什么我对她这么好，她却这样对我？她一开始不是这个样子的，怎么现在变得这么没心没肺了？

实际上，他们往往会得到一个让他们更加不解的答案：也许就是因为你对她太好，所以才导致了现在这个局面。

有一个很扎心的故事：

A不喜欢吃鸡蛋，因此每天吃饭时，都会把餐盒里的煮鸡蛋分给B，B也乐于接受。但是突然有一天，A看到C也喜欢吃鸡蛋，就顺手把鸡蛋给了C。结果，B为此大发雷霆。B忘了，这个鸡蛋本来就是A的，他想给谁就给谁。

感情也是这样，一旦你单方面付出，包办了所有，却总是不求回报，那么对方潜移默化地就会认为这是你应该做的。一旦有一天，她要求的事情你没有做到，她反而会生出无端的责怪。

恃宠而骄是人的通病，不论是物质上的还是情感上的不求回报，往往都不会有太好的下场。

刚开始的时候，你对她好，她心存感激。但是如果你一直不求回报，没有底线地对对方好，渐渐地，对方就会觉得这些都是你应该做的。你做到了，没有什么好说的；你做不到，就是你出问题了，应该道歉。

那些对女朋友非常好，最后却被分手的男生，最开始的时候，都把另一半宠成宝贝，甚至不惜退让自己的底线，牺牲自己的时间。渐渐地，他们的另一半开始习惯了，但是这个时候这些男生也累了，撑不下去了。结果呢？他们的另一半就开始滋生怨气，觉得他怎么跟以前不一样了，好像再也不能哄自己开心了，于是产生分手的想法。

这些男生在感到无助的同时，还觉得自己不够好，所以留不住对方。但是他们怎么可能变好？无底线地对另一半好，早就把他们自己耗尽了。

比如，你本来可以用空余时间去学习，去健身，但是你没有去，因为你要每天接送女朋友上下班，陪着她去一切她想去的地方，虽然这些地方你本来不想去，虽然她也能自己上下班。

比如，你本来可以攒一笔钱为将来的生活做打算，但是女朋友想要什么，你都想办法给她买，甚至不惜透支自己的信用卡。

渐渐地，你已经没有时间进行自我提升了，也没有金钱进行自我建设了，因为你的重心都放在了她的身上。

但是这个时候，由于你的付出和供养，她变得越来越好，眼光越来越高，直到有一天她突然觉得：这个人配不上我了。

于是，当她遇到她觉得"配得上"自己的人时，就开始心猿意马，想办法和对方眉来眼去，创造交往的机会，丝毫不想想你为她做了多少。

当男生发现自己被背叛，而且还没有能力回击或者挽回对方的时候，他们的内心只有无尽的自卑、自责，以及绝望。

对女朋友的宠爱不是不带脑子的溺爱。

爱的基础是尊重，一旦失去了尊重，感情肯定会失衡。

所以，在感情之中，一定要时刻记得平衡你们的关系，不然的话，结局只能是用你的一腔热血换来对方的恃宠而骄。

## 女朋友与其他男生单独约会一定有问题吗

男生约有男朋友的女生单独出去，怎么可能那么单纯？

试想一下这样的场景：

"哎，小美，可以借我用一下你的充电宝吗？"

"可以呀！你拿去用吧，我先回家了。"

"好的，我用完以后送到你家，然后顺便请你吃饭。"

"不用这么客气的，你明天还我就可以啦！"

"我顺路啦！你就让我回报你一下嘛！"

"嗯，好吧！"

"哎，小美，你周末有时间吗？我听说你特别想听那个演唱会，我朋友正好给我两张票，要不要去看？"

"哇，好棒哦！可是，我们两个人一起去，我怕我男朋友会介意啊！"

"哎，你男朋友怎么这么老土啊！演唱会现场又不是只有我们两个人，是一群人啊！而且票是我朋友好不容易帮我弄到的，你真的不想去吗？我也很喜欢那个歌手呢！"

"可是……"

"好啦，不要'可是'啦，男生不会这么小气的！"

"好吧，那就到时候见咯！"

如果问这个男生："你向女生邀约的意图是什么？"

他一定会说："把女生约出来，单独相处啊！"

"那原因呢？"

"当然是喜欢她啦，要不然约她干什么？"

一个男人要是真的对这个女生没有意图的话，是根本不会用任何方式去拉近距离或者创造机会相处的。

男人最懂男人，所以一般很少有男生可以做到当自己的伴侣和别的男生单独出去吃饭、看电影的时候，还能无动于衷。除非他根本不在乎这个女生，不在乎他们的关系，更不在乎他自己的名声和尊严。

男生之所以会有这种想法和态度，主要出于以下几方面原因。

**1. 感情中具有独占欲**

从男生角度讲，大部分会把女朋友看作"私有的"，是其他人不可触碰的，因为喜欢一个人就一定会对她产生一定程度的独占欲。在感情里，尤其是这个人特别爱对方的时候，这种占有欲会更强。

对男人而言，甚至可以忍受别的男人侵吞自己的财产，但绝不能容忍别的男人占有他心爱的女人。

而由于不同人的性格和处理问题的方式不同，一些男人的独占欲会让他们失去理智，做出许多让女人无法承受的事情。

甚至不少男人会以偏激的方式去处理两性关系，以抚慰自己内心的尊严丧失感和不安全感。

可能有人会说："吃个饭而已，用得着这么敏感吗？你是个男人哎！"

没错，就因为是男人，所以在这件事情上不能忍。

**2. 了解男人对女人的目的性**

男人想和女生做"好朋友"，要么是这个女生在事业方面有利用价值，比如可以在工作中提供帮助，或者是潜在的客户；要么就是对她有所企图，可能是暂时地排遣寂寞，也可能是想要发展长期的恋爱关系，无论是哪一种，都容易在经常性的接触中产生暧昧的情感。

男女之间有纯粹的友谊吗？有，少，极少，凤毛麟角。

不是有这样一句话吗："不要让你的男人有红颜知己，他红着红着，你们就黄了。不要让你的女人有蓝颜知己，她蓝着蓝着，你就绿了。"

在电视剧《我的前半生》里，一开始老卓也注意与洛洛保持一定距离，可是后来不也有点动心了吗？还有贺涵和罗子君，一开始互相看不顺眼，可是渐渐也日久生情了。

"友谊的小船"说翻就翻，所以，如果女生不想破坏和男朋友之间的感情，最好和其他异性划清界限，不要在暧昧的边缘试探。

两个人在一起，如果想要长期好好相处，信任是基础。要想维护好这个基础，需要双方共同去努力。

## 为什么很多男生都不主动提分手

曾经有很多女生非常难过地向我咨询：分手明明是自己提出的，可为什么自己还是这么难过？

这是因为，虽然表面上是女生提出了分手，但事实上真正想分手的人不是女生，而是男生。

不少男生都有这样的心理和行为：不爱了，却假装还爱着；出轨了，却还要编造借口；想分手，却假装依依不舍。

何必呢？睡觉前摸摸良心，难道真的一点都不会痛吗？

写分手真的挺"丧"的，尤其是这种一方蓄谋已久的分手。

说什么性格不合，说什么更重视事业，说什么没有未来，都是借口。事实就是不爱了，要分手了，想换人了。

他谋划了好久，一无所知的是你；他没有主动说分手，默默离开的是你；他得到了解脱，痛苦的是你。

我曾经遇到过一个关于男生冷暴力分手的案例，他就是在感情中不愿意提分手的人。

表面上看，两人在一起一年才分手，其实早在分手前的三个月他就已经决定和她分手了。

在他看来，不主动提分手虽然是在逃避责任，但他就是不想当一个抛弃女朋友的"恶人"。所以每次当他的女朋友伤心地追问他为何如此冷漠时，他都会顾左右而言他。

其实，真正的原因就是他喜欢上别人了，但他又怕说出来伤害她。他觉得，不主动提分手是他最后的温柔。

这的确是很多男人的真实心理。

很多男生觉得，如果感情已经走不下去了，就把提分手的权力留给女生，一方面维持自己"好男人"的人设，另一方面也给女生留一点面子。

其实，大部分男生想要分手的表现都是不主动，不拒绝，不负责。明明早就决定要分手，可是还在感情里拖泥带水，拐弯抹角，不说清楚，浪费女生的青春。有些男人也许认为这是温柔的举动，但是对方感觉到的只有凌迟之痛。

因此，对于女生来说，如果你的男朋友在感情中有以下表现，那无疑就是在等你开口说分手：忽冷忽热，爱搭不理，天天说自己忙，希望你理解他，不怎么联系你了，如联系也是敷衍，冷暴力，吵架以后不太哄你，说你无理取闹，等等。

如果这些情况持续超过两个星期，请相信，除非他真的很忙，否则，他就是在蓄谋分手。

在男生这一系列行为的背后，一般潜藏着以下心理。

第一，分手的想法在分手之前的一段时间就已经有了。想分手的原因有很多，有的是没有新鲜感了，有的是喜欢上别的女生了，有的是不想被感情拖累事业，还有的是被女朋友"作"得太累了，等等。

第二，如果是因为有了新欢而想要分手，在与新欢没有确定关系，还处于暧昧中的时候，男生不想青黄不接，所以一般也不愿意主动提分手。这种想法与行为虽然有点自私，却是很多男生的真实写照。

第三，怕分手以后，没有了稳定的性生活，怕寂寞无处排遣。

第四，尽管是自己做错了，可是为了不陷入自我否定中，就会将自己的行为合理化，告诉自己"我是个好男人""我不是负心汉"，这样在心理上就没有任何负罪感了。

第五，当别人问起为什么分手的时候，可以对外说自己被甩了，自己是无辜的。

综上所述，男生不主动提出分手，反而采取冷暴力的行为促使女生提分手，究其原因就是不爱了，或者"有下家"了。

可是女生会觉得自己很无辜，甚至感到很生气：为什么分手不能坦率一点？

对于女生来说，无论是对方主动提出分手，还是冷暴力逼迫女生提出分手，离开都是最好的选择，因为没有必要在不爱自己的男人身上浪费青春。

所以，及时读懂男人的冷暴力，分手，才能给自己的幸福找到一条出路。

# 第三章 如何度过分手后的第一夜

分手以后感到难过是十分正常的，但是，并不能因为"正常"，就放任悲伤的情绪一直蔓延。

我们总要为决堤的情感找一个出口，让自己看起来没有那么可怜，让自己保持勇气，面对接下来的人生。

## 分手之后，要尽快破除"心锚"

熟悉我的人可能会知道：我经常熬夜，有着特别严重的黑眼圈。

为什么会这样？

因为很多人分手之后第一个难熬的夜晚，都会来折腾我：他们会抱着电话，一哭就是几个小时。而我又不能挂电话，因为在那个时间点，我是他们精神上唯一可以抓住的救命稻草。

我特别理解刚刚被分手之时那种迷茫焦虑、痛彻心扉的感觉。

之前也有人问过我，说："老师，你平时这么理性冷静，是不是你当初分手的时候也特别淡定？"

其实真的不是，我当时难过的程度并不比现在的咨询者好到哪里去，但是好在当时我找到了一个转移注意力的方法。

这一节，我就来讲讲，我是怎么熬过分手之后最难过的那个夜晚的，并且和大家分享一下，如果你在分手初期特别难过，应该做些什么来让自己的情绪稍微好一点。

我曾经在分手之后做的事情就是——打游戏，一头扎进游戏里面不出来。

先是《魔兽》，接下来是《三国无双》，然后是《侠盗猎车手》，反正没人管了，埋头奋战到天亮，困了就蒙上被子睡大觉。

可能你会笑话我，觉得我逃避现实。其实，如果你真的经历了一段特别认真的感情，到了分手的时候，未必会表现得比我更好。

如果你现在和那时的我一样，也是一个在校大学生，那么打游戏是非常适合你的。

但是，如果你现在已经是一个上班族，那么，或许你不需要通过这种强行转移注意力的方式来麻痹自己。

说来有趣，我们之前做过一个统计。统计结果是，学生和自由职业者是分手之后最难走出来的一群人。而且更有意思的是：摆脱负面情绪的速度，居然与工作强度成正比——越是工作强度大的人，越不容易遇到太难解决的情感问题。

我们可能会觉得，工作强度大的人早就积压了太多的负面情绪，所以分手这件事会成为导火索，直接引爆他们的负面情绪。事实恰好相反——他们在处理负面情绪和情感问题的时候，往往快刀斩乱麻，不会一直为了打翻的牛奶哭泣。

因为，不论是我当初打游戏，还是进入社会之后高强度的工作，其在本质上都起到了一个重要的作用——分散注意力，破除"心锚"。

我们为什么会在分手之后长期走不出来呢？

原因很简单，就是我们会经常陷入一个"无人打扰的沉浸环境"中。

也就是说，当你突然想起前任时，当你回想起过去在一起的美好时光时，当你陷入悲伤的情绪中走不出来时，没有其他事情可以打乱你的思绪，你不知不觉就陷入了沼泽。

之前一个咨询者说得十分贴切："我收拾他的东西，然后不知不觉就拿着他的衬衫在床边坐了一个半小时。"

而此时我们的情绪十分敏感脆弱，所以特别容易睹物思人。也就是说，我们十分容易被一个个"心锚"勾起关于过往的回忆。

我们看到对方送的东西，就会想起曾经过生日时的甜蜜；我们听到一首歌，就会想起当初那个人把这首歌分享给我们的情景……我们会不自觉地记起过往生活的点点滴滴。

这种时候，如果没有人能够阻止你去想念，没有事情能够打断你的思绪，那么你就会陷入自己的回忆"沼泽"，无法自拔。

这也是学生和自由职业者更不容易走出来的原因，他们生活中的"强制打断"因素太少。学生可以逃课，自由职业者可以拖稿，然后他们就躺在床上，睁着眼睛流泪，从白天想到夜晚，睡醒以后继续哭。

上班族可就不太容易有这种机会了。

你还不睡？明天早起就要挤地铁了，迟到要扣工资，月底绩效考核会被打低分。

你不看手机？老板、同事、客户发来的微信消息，能让你的手机刷屏。

你沉浸在自己的回忆里出不来？工作的时候发一会儿呆，就会有人走过来问你问题，或者办公通信软件就开始响。

所以有的咨询者和我说，分手的那段时间，巴不得天天上班，天天待在公司。因为周围的事物会不停地分散他们的注意力，让他们根本没有办法去想感情的事。

如果你正处于分手初期，沉浸在悲伤的情绪中，不能去面对新的生活，那么可以试着分散自己的注意力，尽量避免去想分手这件事。

**首先，给自己找点事情做。**

不管是追剧、打游戏，还是健身运动，都可以做，只要这件事情能够占据你大量的时间，并且需要你集中注意力去做。这样，等你做完这些事，你也筋疲力尽了，不会有太多时间和精力去回忆过去。

**其次，给自己找一些心灵寄托。**

比如，多和朋友聊聊天，养个宠物，去社交平台上认识一些新朋友。这可以让你的情感有所寄托，让你在想要宣泄情绪的时候有个倾听者，让你不会太孤独。

**最后，清除掉那些能勾起你回忆的"心锚"。**

将你的房间打扫干净，扔掉对方给你留下来的东西，短时间内割裂"心锚"和回忆的关系。

你现在很脆弱，那么还不如逃避，用逃避来换得喘息的时间，累积接下来解决问题的勇气。

## 做个合格的前任，就像死了一样

被分手的初期，很多人会忍不住联系对方。但是，这样做的效果往往不太好，非但不能让对方回心转意，反而会使彼此的关系更加恶化。

曾经有一位男生在咨询的时候这样对我说："我们在一起一年了，每天一起吃饭，一起上班，一起睡觉。她累了，我给她捏腿；她饿了，我给她买吃的；天冷了，我提醒她穿衣服……但是，三天前她却在微信上跟我说了分手，屏幕这边的我泪流满面地说'我尊重你的选择'。我的整个世界仿佛坍塌了。我大哭了一场，整晚失眠；第二天如同行尸走肉一般，晚上接着失眠想她；第三天约了朋友出去散心，心情好了很多。我以为自己快走出来了，可到了夜里，我又崩溃了，一次次拿起电话想要打给她。"

不管你是想要挽回前任，还是想要走出失恋的阴影，现在都不适合去联系对方。

刚刚分手，你的情绪还处于十分激动的状态，这个时候联系对方，可能难以控制自己的语言和行为，做出过激的举动，给对方造成惊吓，导致对方更加想要逃离你。

从前任的角度来说，刚和你分手，心中对你没有负面印象是不可能的。而你偏偏在这个时候，将自己情绪失控的一面展现出来，是非常不利于挽回对方的。

所以，这个时候你需要做的是平复情绪，而不是联系对方。

你需要先做一个合格的前任，不打扰对方，慢慢将自己的负面情绪消化掉，再去考虑要不要采取挽回的行动。

**1. 给自己的情绪找到一个发泄口**

负面情绪，宜疏不宜堵。

这个时候，你需要找一位你信任的，并且愿意倾听的朋友，让你把心中的负面情绪发泄出去。

如果你不愿意麻烦朋友，那就写信，写一封长信。把你的悔恨、痛苦、悲伤等情绪全部写出来，写完之后直接扔掉或者撕碎，绝对不能让前任看到——因为在你激动情绪下写出的心声，只会让你的前任更加没有安全感。

写信本身就是一个情绪释放的过程，当你将不良情绪全部释放以后，心情就可以逐渐恢复平静。

**2. 理性思考你们之间的感情**

很多人在分手之后沉浸在悔恨和悲伤中出不来，主要是因为他们认为前任太好了。所以当他们觉得自己失去了一个这么好的人之后，会感到痛心疾首。

而我往往要求这些痛苦的咨询者，努力去回忆与前任相处过程中的矛盾冲突，并且记录下来，反复翻看。

我并不是要你抹黑前任，而是要通过这种反复回忆的方式，让你对彼此的矛盾冲突有更清晰的认知，以此来中和你不理性的思念和被你美化的记忆。

等到你的情绪平复下来,而且能够客观理性地看待之前的感情时,再来思考这段感情是否值得挽回。

### 3. 多找几个"替代品"

我不是要你寻找新欢来缓解孤独寂寞。

被分手之后,之所以对前任念念不忘,一方面是觉得对方特别好,另一方面是觉得自己再也遇不到这么好的人了。

所以,你需要做的就是,将前任的优点一项一项写下来,然后想想周围的异性,谁具有这些优点。

可能有的人具备其中一项,有的人具备其中两项,有的人具备你前任的全部优点。

这时你会逐渐发现,前任并非不可替代。

当你的前任在你眼里变成一个客观上可以被替换的人时,你最起码可以做到没有那么恐慌和懊悔。

如果你不想复合,只是单纯地感到痛苦和思念,那么你可以避免自己因为情绪激动而做出错误的选择。

如果你想复合,稳定的情绪和客观的认知也有助于你后期的挽回举措。

不管你选择什么,切记:你现在最需要做的是稳定情绪,不要打扰对方,做一个合格的前任。

# 分手后，
# 还会遇到更好的人吗

曾经有一个男生来找我做咨询，第一句话就说，他找过很多心理咨询师，但是无一例外都失败了，根本没有人能够开导他。

通过沟通，我逐渐发现了他内心深处的一个恐慌：他担心分手之后再也遇不到更好的另一半。

他的前女友是在大学时代和他相爱的，陪伴他度过了最快乐也最单纯的四年时光，后来因为前女友要移民国外，不得不和他分手。

这个男生一直怀有这样一个执念：只有在学生时代遇到的爱情才是最单纯的，进入社会之后，再也不可能有任何女生会像他的前女友那样爱他了。

这个执念只要不破除，这个男生就没有办法彻底放下过去，开始新的感情。

实际上，我们可以看到，不少人都在分手之后有这样的恐慌：我究竟还能不能遇到更好的人呢？

这个问题，我们放在这一节，好好地讨论一下。

"会不会遇到更好的人"这个问题，我曾经被不少失恋之后极度痛苦的人问过，他们都特别害怕自己从此以后再也遇不到更好的另一半了。

而我这个人也比较实在，坦诚地告诉他们："如果你们用心去经营以后的感情,我保证你们会遇到更合适你们的人,但是我真的不敢保证你会遇到'更好的人'。"

什么是"更好的人"啊?你们有一个明确的界定标准吗?你们自己都不能清楚地判断什么样的人才是"更好的人",我怎么知道你们会不会遇到呢?

在总结大部分咨询者的感情经验之后,我完全相信每一个人都会遇到更适合的人,甚至我对每个人感情的未来发展,整体上都持有特别乐观的态度。

一方面,你们的经验不断增多,在不断反思改进,会更加明白自己想要的是什么;另一方面,现实的压力在不断逼近,不管你们愿意不愿意,都要开始面对现实,找到一个能够与你们携手共度人生的伴侣。

所以你们一定会找到一个更加合适的伴侣,这是毋庸置疑的。但是这个伴侣究竟是不是"更好的人",我可不敢说。

你可知道,有多少男生在功成名就之后迎娶了门当户对的妻子,然后某一天下班回家在停车场熄了火,坐在车里抽着烟,想着当初那个幼稚的、陪着自己疯闹的初恋女友?

你可知道,有多少女生嫁给了有钱有权的男人,夜晚独守空房的时候抹着眼泪想着当初那个下课铃一响就在教室门口焦急等待自己下课的穷小子?

幼稚的初恋,一穷二白的前任,怎么看都不靠谱,但是并没有妨碍这些人觉得曾经的恋情很美好。但是就算他们觉得前任很好,现在他们愿意回到过去吗?显然是不愿意的。

仅仅因为前任某一方面做得比现任好，就觉得前任才是最适合自己的那一位，那是没有脑子。

大家总说什么"对我好"，实际上这种想法很自私：我要你按照我设想的方式对我好，我要你做的所有事情都符合我的预期。

按照这样的标准来看，几乎所有的现任都会被前任"吊打"。因为现任就在你身边，这个人随时都可能做出让你不满的事情；而前任已经成为你心中的一个印记，你在拿着"被自己美化过"的时刻，和现任做的让你不满意的时刻比。这有什么可比性吗？

我清楚地知道：无论他们未来遇到的下一任如何优秀，迟早也会有让他们感到不满的地方，他们难免会觉得"怎么一个不如一个呢"？

但是没有关系，就算他们这么想了，就算他们这么抱怨了，过了那一阵之后，他们还是会珍惜自己的现任，而且会越来越珍惜，因为这个现任大概率已经具备了和他们共度余生的主客观条件。

那些哭着说"我觉得我这辈子都不可能遇到那样的人"的咨询者，他们担心的事情其实是再也遇不到曾经那种炽热的感情了，再也找不到那个能为他们奋不顾身的另一半了。

这个问题真的不用担心：你肯定找不到，而当初的那一位之所以表现出那个样子，完全是因为太傻了，没开窍——你看，如果结果是绝对令人死心的，好像也没有什么需要担心的了。

所以，放弃幻想，面对现实吧！随着你的总结和反思，以及经验的积累，你绝对会找到那个更合适的人——即使那个人有些事情做得不如前任，有些缺点你十分看不惯。

但是你要接受这个人，放下你心中已经被美化了的前任，告诉自己：

眼前这个人，就是更好的人。

## 和另一半冷战期间，适合做什么

情侣在一起时间久了，难免会因为观念不同、意见不同等发生争执，这时其中一方可能会提出"我们都各自冷静一下"。

但是，如果你将这种"冷静"理解为完全不沟通，等到彼此都想清楚以后再交流，那么我可以非常负责任地告诉你：这不是冷静，这是要分手了。

吵架期间的"冷静"，不是真的要你们静下来好好地想，因为这很可能导致一种结果：其中的一个人或者两个人突然想明白了，觉得没必要这样下去，决定分手。

相反，双方在冷静的时候，最该做的事情恰恰是找个机会重新建立联系。

因为每个人的观念都很难改变，只有通过沟通和协调才能解决问题。让对方在和你切断联系的情况下彻底转变想法，本身就很难，而这个时候你又不给对方一个恰到好处的借口和台阶，持续的冷战只会让你们的交流越来越少。

所以在这个阶段，双方还是要交流的，但是当中的尺度需要好好把握——交流太少，会让对方寒心，觉得因为这点事你居然就彻底不搭理对方了；交流太多，又会在对方情绪还没有稳定的时候火上浇油。

接下来我教给你两个方法。

**1. 边缘试探**

你的每一次沟通都要将彼此的关系稍微拉近一些，但是又不能跟没事人一样大大咧咧地厚着脸皮自说自话。

最好的方式是：吵架归吵架，相处归相处，该有的关心还是要有的。

比如，你和异地的女朋友吵架之后，她说要冷静几天。你可以先让她冷静，但是到了晚上或者第二天发一条消息过去："今天你们那里下雨，记得带伞，别像上次那样又淋雨了。"

这个时候女生可能有三种反应：一是完全不理你，二是回复一句平淡的"好的"，三是怼一句："你管我？"

对第一种和第二种反应，即对方没有理你或者回复内容很冷淡，说明对方还在气头上。这个时候也不用多说了，最多再补一句关心的话，你就该离开，好让对方消气。然后，过一天或者两天直接见面或者进行电话沟通，再好好地聊一聊。

如果收到的是第三种回复，千万不要火冒三丈和她互怼。第三种回复才是最好的信号，因为这句话里有很强烈的情绪在，说明对方看到你的消息之后情绪立刻激动起来。

面对第三种回复时，你应该正经中带着一点不正经："我女朋友我不管谁管，再吵架也是自己的女朋友，该关心也得关心。"

你放心，对方接下来不会有好话等着你，但是绝对有戏。对方很可能再怼你一句："用不着，不稀罕！"或者说："装什么，每次气完人就开始装大尾巴狼。"

这个时候你的心态一定要好，继续刚才的态度往下说："别啊，一码归一码，再吵架也掩盖不了你是我宝贝，我是你模范男友的事实啊！"

按照这个节奏，不管她怎么吐槽你，你打不还手，骂不还口，笑嘻嘻地等她把情绪发泄完，她自己就好了。

而且她那几句话也不是纯粹在怼你，可能在手机那边的她早就被气笑了。

采用这种方式，有两个目的：

一是试探对方对你的态度；

二是传递一个信号，即吵架归吵架，但我还是关心你的。

## 2. 创造见面机会

见面可以让彼此更加直接地沟通，以免隔着手机屏幕，不能准确地感受到对方传达的态度和情绪。

但是使用这种方法，你一定要控制好自己的情绪，不要将原本的小吵架升级为大吵架。

而且在见面之前，你应该让对方至少冷静大半天的时间。原因是，假如间隔时间太短，对方的气还没消，可能连你的面都不会见。

曾经有一对异地恋的情侣吵架，男生当时就后悔了，连夜坐火车去找女朋友想好好谈谈，但是对方还在闹情绪，根本不让男生进门。

这下好了，男生本来也是一时兴起，还没来得及好好想，辛辛苦苦赶过来又被关在门外，火气突然变大，又与女朋友大吵起来，两人差点分手。

所以，如果是情绪控制能力差、性子急的人，使用这种方法前还是要多斟酌一下。

有人说："难道就不分析两个人吵架的原因，在冷静期间只想着恢复联系吗？"

对于这种疑问，我们需要想清楚以下几点。

首先，因为什么吵架的，怎么吵起来的，谁先挑事的，这些问题当事人未必能够想得那么清楚。我们从小到大一定都有过和别人吵架的经历，其中有几次吵架过后能和对方真正达成一致意见呢？如果只是一味地自己冷静，不与对方沟通，可能越想越觉得自己是对的，对方是错的。如果两个人都这样想下去，最后见面还是会吵架或者直接分手。

其次，让彼此恢复联系，又不是让你什么都不干。你在重新打开僵局的过程中，也要不断地组织你们之间的对话，寻找新的沟通方式来让彼此耐心交流，这本来就是一个"倒逼"的过程。

最后，情侣之间吵架，很多时候是分不清谁对谁错的，就看双方还想不想一起走下去。只要都希望继续走下去，谁先主动其实并不重要。除非对方是特别不讲理而且恃宠而骄的人，否则给个台阶都会下来。这时候，两个人再坐下来好好沟通，自然更容易解决问题。

## 分手后男生的感受是怎样的

分手对于每个人来说都不是一件好受的事情，甚至有人因为这个郁郁寡欢，终日走不出心理阴影。

事实上，你们的很多感受不仅毫无意义，而且对于你们的感情甚至是有害的。

作为一个心理咨询师，我很清楚大部分人分手之后的感受是什么样的。

**1. 极其迫切，不择手段地想要挽回对方**

不管是真心想要挽回，还是仅仅感到寂寞，想要有个人陪伴——许多人分手之后都会有这样的冲动，但结果往往都不尽如人意。因为你太着急了，以至于没有好好想，没有好好准备，就开始了挽回行动。

这样做会直接导致两个错误：一是错误的分手归因；二是错误的消息轰炸。要么你太过着急，觉得分手的原因就是自己某件事情做错了，恨不得赶紧改正错误，让对方回来；要么你觉得，只要不停地和对方联系，向对方哭诉，对方就会心软，再给你一个机会。

下面针对这两个错误进行分析。

首先，分手是彼此长期交往过程中不断积累怨气导致的结果，而你所看到的引发分手的事件只不过是一个导火索。所以单纯针对引发分手的事件去修正自己的行为，并不能解决根本问题，对于挽回这段感情意义不大。

其次，不停地进行消息轰炸，骚扰对方，让对方给你一个机会，强迫她原谅你，甚至与你复合；或者不停地哭诉自己的伤心难过，告诉对方没有她的日子多么难熬，你多么想让她回来……这些做法并不会产生很好的效果。

可能在分手初期，对方还会觉得毕竟两个人曾经相爱过，保持联系也无妨。可是到了后来，对方已经被你的骚扰和轰炸惹到不耐烦，可能会一气之下彻底拉黑你，告诉你以后再也不要来找她了。

### 2. 彻底自我否定，变得不像自己

虽然对方选择和你分手，一定是觉得你不好；但是，对方只是受不了那个时间段的你，只是受不了你身上的一些特

质。首先，你可以改善这些特质；其次，这些特质在对方的眼中也许是缺点，但在其他人眼中也许是优点。

比如你是一个事业型的男生，难道仅仅因为女朋友受不了你早出晚归，就要放弃你的事业，去做一个居家型男人吗？

并不是这样的。

注重事业，有上进心，这是你的优点，你不应该舍弃。你应该知道，是因为你过度专注于事业，没有给她足够的照顾和关心，才导致你们分手。只要你平衡好事业和情感之间的关系，她还是有可能接受你的。

反之，如果你因为女朋友抱怨你工作太忙，缺少陪伴，就放弃自己的事业，可能有一天她又会嫌弃你游手好闲、不思进取。

不要因为被分手就全盘否定自己。正所谓"甲之蜜糖，乙之砒霜"，前任不喜欢的，不一定是不好的，可能换一个人就会无比珍视你的这些特质。

**3. 试图采用卖惨的方式挽回**

许多男生都有过这样的经历，在分手之后一蹶不振，甚至几天不刮胡子，不洗脸，就这样蓬头垢面地出现在前女友面前，哭诉自己多么难过，多么不舍，期望对方能对自己动一动恻隐之心，答应自己复合的要求。

但是，这样的做法真的不高明。

因为，挽回对方的关键在于吸引，而你每次出现在对方面前时，都是这样一副落魄的模样，带给对方的都是抱怨和哭诉。你觉得这个样子可以重新吸引对方吗？

此外，试图利用同情心挽回对方的人，都有一个错误的认识，以为对方还会再心疼他们。

你们在一起的时候，对方的确会因你的惨相和哭诉而动容；可是你们现在都已经分手了，在对方看来，你就是一个每天骚扰她，而且很没有骨气的人。这样的人，她凭什么要心疼？

**4. 不停地承诺，做极端行为，想要证明自己**

在挽回的过程中，承诺是没有用的。因为分手就已经意味着，她已经不对你们的感情抱有期待了，也对你失去了信心和希望。那么在这个时候，你说出的承诺，在她那里的可信度有多少呢？

再说做极端行为。我不止一次看到，伤心欲绝的人试图通过各种极端的行为来逼着对方原谅自己，给自己一个机会。

他们的潜台词似乎是："你看，这样的事情我都敢为你去做，我有多爱你，你要相信我对你的爱。"

但是，你这样做，会吓到对方，因为她收到的信息是：这个人做事太极端和情绪化，我要离他远远的。不要在挽回的时候，把你的冲动、极端、情绪化展示给对方看，这样的做法只会让对方很没有安全感。

**5. 总想着弥补过去的错误，去为对方再做一些事情**

有的人在分手之后，突然意识到自己曾经不懂事，对对方不够好，十分内疚，总想着做一些事情来弥补对方。

可是你此时的身份十分尴尬，没有理由去为对方再做任何事情了。该你做的时候你不做，不该做的时候你那么主动干什么？

你身份的变化，让你行为的性质也发生了变化。你这样的行为在对方看来，似乎是为了挽回她。

有的人可能会说："是啊，这样想不对吗？"

我们举个例子：对方因为你不关心、不体贴而分手，你觉得对方是受不了你某次的行为，还是受不了你本质上就是个不懂得关心她的人？

如果你只是为了挽回她而去做这些事，本质上并没有做出改变，那么在她回来后，收获的还是一个像过去一样的人，难保不会二次分手。

以上就是男生分手后的五种常见的心理感受和外在表现。

我理解分手之后的痛苦和焦虑，但我想说的是，如果你让错误的心理去指导自己的行动，只能越走越偏。因此，分手之后，要意识到什么是错误的想法，不要让错误的想法毁掉本可以挽回的恋情。

## 分手后女生还会想念前任吗

我和前女友做出了一个共同的决定，即毕业后去不同的城市。于是，两个人心平气和地坐下来，然后谈妥了。

分手的建议是她提出的。当时，我对这个冷静而理智的女孩子发自内心地欣赏。毕竟，大部分女生很容易头脑一热，感情用事，不忍分开。

后来，我发现，我想错了。她只是一个普通的女孩子，向往着爱情，怀念着甜蜜的过往。

分手一个月后，她写了一条长长的短信，发给了我。我当时拿着手机，一个大男人，就这么哭了，旁若无人。

毕竟，我们相爱了四年。

其实，不管是由于主观原因分手，还是由于客观原因分手；不管是和平分手，还是吵架分手；不管分手是由男生提出的，还是由女生提出的……在分手以后，无论是男生还是女生，都会想念对方。

人非草木，孰能无情？

恋爱，是一个漫长的过程，从相识、相知，到相爱、磨合。而分手，也不是一瞬间就能结束的，需要内心不断地适应、调整。

很多人即使分手了，还是会在心里惦念着对方，比如继续关注对方在社交平台发布的内容；因为思念而饮酒、买醉；去两人曾经去过的地方；向共同的朋友打探对方的近况。

一个人从分手到走出情伤，往往需要很长的一段时间。

如果时间不够，即使有了新欢，在相处的过程中也难免受到旧爱的影响。

一方面，你可能挽着现任的手，愉快地走在街上，谈笑风生；另一方面，你可能在夜深人静的时候，想起那个曾经每天为你买早餐的男孩。

一方面，你和新男友偶尔发生矛盾和争吵；另一方面，你会翻看前任的照片，回想起当时的甜蜜情景，和曾经争吵后的拥吻。

因此，抚平上一段带来的伤痛和情绪，需要足够多的时间。时间不够多，想念就会频繁出现。

而且，这个过程不能快进。

大多数人在分手后，会经历三个阶段。

**1. 创伤期**

在刚刚分手的时候，大多数人都处在创伤期，主要表现是：没有办法正视现实、接纳现实，没有办法接受对方已经离开、情侣关系已经结束的事实。在这个阶段，无论是工作还是学习，一般都会处于消沉状态，很难提起精神。对前任的思念是不可避免的，而且在这段恋爱当中投入的感情越多，此时的思念就越强烈。

## 2. 后悔期

在这一时期，失恋者一般已经能够接受分手这件事，所以会在一定程度上感到悔恨和不甘心。相对积极的人，会开始反省自身；而相对消极的人，恋爱观可能开始扭曲，比如有的女生开始放纵自己，认为自己不值得被爱，否定个人价值，等等。所以，这个阶段十分敏感，是一个两极分化的时期。

## 3. 遗忘期

这个时候，失恋者的心态已经趋于平和，完全接受了恋情失败的事实，甚至可以客观地看待两个人交往过程中的问题和教训，并且开始重新接受自我，恢复正常生活或投入新的恋情。

而分手后女生是否会想念前任，与两人的分手原因、爱情的深度、双方交往时间的长短、这个女生的性格，以及双方的认真程度等有关系。

如果是女生提出的分手，而且这个女生也没有那么爱男生，那么分手以后思念对方的时候应该会比较少；偶尔想起对方的好，也很快就会被"对他的厌恶感"所覆盖，这件事偶尔会成为闺蜜间调侃的话题。

如果是女生提出的分手，但是仍然爱着这个男生，比如客观原因导致的分手，她的思念就会相对频繁，甚至继续与对方保持联系。

如果是男生提出的分手，而且女生很爱这个男生，那么女生可能会沉溺在失恋的情绪里很久无法自拔。所以，这种情况下，无论是爱是恨，女生都会想念对方。

如果是男生提出的分手，而且女生也没有很爱这个男生，那么女生可能会想这个男生，但这个"想"，不是思念，而是不甘心，认为"你怎么敢甩了我"。

从客观上说，分手后是否会想起对方，与以下两点有关：第一，你们的生活、学习、工作的环境有没有交集；第二，你们有没有删除或拉黑所有的联系方式。

分手后一直单身的女生，一般比已经开始新恋情的女生更想念前任。

如果在之前的恋情中投入了感情，那么女生在自己单身或者新恋情不顺利的时候，会重新关注前任；如果自己的新恋情很幸福，那么女生则很少会想念前任。

整体来说，如果女生是主动分手的，那么日后即使想起，也不会动太多感情；就算她后来过得不幸福，也只会偶尔想起对方的好与不好。如果女生是被分手的一方，那么在此后的很长一段时间，思念、爱与恨都将与对方息息相关。

失恋，基本上是我们每个人成长的必经之路，这个过程通常是漫长且难耐的。然而，过了一段时间，我们就会开始对这段感情产生理性的认知和反思，再去回想的时候，更多的则是释然。

# 第四章 有多少分手可以挽回

多数分手可以挽回，但"可以"并不是"一定"。分手后去挽回，需要面对巨大的挑战：一个对自己丧失信任感的前任，一个对自己很反感的"仇人"，再加上分手之后变得一团糟的自己……

我们究竟应该怎么做，才能收拾残局，整理好我们的心情开启接下来漫长的征途呢？

## 当你努力挽回时，你在挽回什么

每次有人咨询我"如何挽回"，我的第一句话都是："你为什么要挽回对方？"

大多数答案都是：我放不下他呀，分手后我后悔了，我们之间有很多事情还没有做，等等。

此时，我不得不说一句很残忍的话：若你凭借这种不甘、悔恨、犹豫的心态来试图挽回，对方很可能不会答应你的挽回，即使答应复合，也不过是下一次分手的开端。

一个揪心的数据是：分手后复合的男女朋友或配偶，约九成最终还会分手。

所以在学习挽回的技巧和话术之前，先要搞清楚你的动机，不要为了挽回而挽回。技巧与话术，终究治标不治本，靠感动、忽悠、强迫挽回的爱情，只是让两个不合适的人再次互相折磨。

分手中一方的"放不下"，有时是沉没成本太高所导致的。比如，你付出了很多感情，或者花掉了不少钱，于是觉得不甘心、放不下。

而所谓的后悔，表面上看似你还喜欢着对方，还对前任恋恋不舍，实际上很可能是暂时没有找到一个更好的替代品，又忍受不了突然孤独的生活。

这样做的结果是，即使挽回，也不过是和前任恢复"旧的生活"。但是，不正是这旧的生活导致了你们的分手吗？

所以我经常说一句话："谈恋爱靠的是感性，而挽回靠的是理性，你要考虑彼此能不能有一个更好的未来，对方才有勇气和理由与你重新来过。"

举一个很简单的例子，小张与小敏之前因为"异地"而分手，小张仅仅因为放不下而去挽回前任——他花尽了心思，终于感动了小敏。

但是复合之后呢？

两人的"异地问题"仍然存在，彼此之间没有一个明确的异地终止日期和未来。那么当下一次矛盾爆发时，他们仍然会无力应对、心力交瘁。

所以说，挽回这件事，你一定要动脑子，而不是因为一时的难受而感情用事。

不要轻易结束一段感情，也不要轻易挽回一段感情。在挽回之前，你就应该明确这段关系的走向是什么，彼此又该如何化解之前存在的情感矛盾，你只有给予了对方期待感，对方才愿意与你开启一段新的生活。

一定要明白一个道理：所谓挽回，不是拉着前任和你回到旧的生活，而是与对方开始一段新的感情。

一个曾经深爱过你的人，为什么会和你分手？

一个残酷而真实的答案是：所有的分手都是蓄谋已久的决定。当前任对你失望透顶了，看不到一个充满希望的未来时，自然就会选择与你分手。

对方的失望，有时很难准确地表达出来，所以会以"累了、腻了、不爱了"等各种方式来表达。除非你找到那些根源性的东西，并且有办法改变它，否则，即使这次你成功挽回，明天又需要再挽回。挽回次数越多，难度就越大。最后，你会发现，无论怎么做，也无法挽回。

正确的挽回心态是什么？

我要挽回的并不是一个人，而是一段本可以更好的感情。

根据上千个真实挽回案例，我认为在采取挽回行动之前，你需要回答以下十个问题：

- 我们到底因为什么而分手？是因为一时情绪化的冲突，还是对方蓄谋已久的决定？
- 如何在问题中找到平衡点，去营造一个崭新的恋爱氛围？
- 在以往的相处过程中，对方长时间无法容忍我的哪些性格缺陷？
- 当前造成分手的主观原因和客观原因是什么？
- 在矛盾冲突中，是否存在金钱、储蓄观方面的冲突？
- 我们能不能坦诚地说出自己的情感需求？
- 我们以后真的能够形成有效沟通并且平等地对待双方的想法和立场吗？
- 双方家庭对这段爱情存在着偏见和误解吗？
- 双方身上是否存在着极端的性格缺陷(例如出轨、家暴等)？
- 这个人真的值得你去挽回吗？

对于以上十个问题，你需要反复思考、找出分手真正的内在动因。原因找到了，挽回就已经成功了一半。因为这十个问题能够清楚地告诉你"前任能够重新接受你的底线在哪里"，同时你也能够清楚"自己的性格缺陷在哪里，以及自己挽回的大方向又在哪里"。

成年人的世界里，不是你想怎么做就怎么做，而是既然失败过了一次，那么下一次就要让自己做得更好。

## 分手后还能正常聊天，挽回的概率有多大

在我指导的爱情挽回案例里，有约三成人的开局看起来特别好：前任不仅没有拉黑他们，还愿意和他们保持联系。

这看起来让人振奋。但是当他们向前任提出复合之后，心情一下子就掉入了冰窖——真是期望有多大，失望就有多大。他们悲哀地发现，虽然前任愿意与自己正常聊天，但只要聊到复合这件事，前任就会立刻缩回去，不做任何回应。总之，就是：聊什么都可以，就是别聊感情。

在这样的情况下，挽回的概率到底有多大呢？

先说结论：分手前期的挽回概率需要看分手的类型，分手中期的挽回概率很高，分手后期的挽回概率很低。

我们先要搞清楚聊天这件事，在你和前任的联系中承载

着什么样的功能。其实聊天最重要的功能有两个：一是搭建一个可以和前任联系的平台，让前任看到自己的动态；二是向前任传递自己的意愿和感情。

也就是说，当我们评估"正常聊天"的挽回概率时，要看这两个功能是否能得到充分发挥。我们分成三个阶段来分析。

**1. 分手前期：对于不同类型的分手，聊天所发挥的作用不同**

同样是分手，可以分为真性分手和假性分手两种。

| 真性分手（战争） | 假性分手（军事演习） |
|---|---|
| ● 真性分手的目的就是和前任断开联系，原因是无法长期相处，属于无法调节的矛盾 | ● 假性分手的目的是表态和示威，原因是两个人在某件具体的事情上有强烈的冲突 |
| ● 真性分手时，前任往往冷漠、平静、不容商量 | ● 假性分手时，前任的态度往往激动，起伏大，还会主动保持一段时间的关系 |
| ● 真性分手的决定做出之后，往往无法挽回，前任在分手之前就已权衡和评估两个人的关系 | ● 假性分手因为是突发的，所以前任分手后很容易反悔，但是也有可能向真性分手演变 |
| ● 真性分手的挽回必须解决现实问题，拿出实际的变化和改变，说服对方重新考虑两个人的关系 | ● 假性分手并不强制要求改变和变化，重点是安抚前任的情绪，互相给彼此一个台阶下 |

真性分手，其分手即为目的；假性分手，其分手只是手段。

你联系与否，你联系的频率如何，对于和你真性分手的前任来说，差别不大。就算你说得天花乱坠，只要之前的问题没有解决，对方就不会考虑和你在一起。

对于假性分手，你只需要找到导致前任提出分手的核心原因，并给出令对方满意的解决方案，挽回的概率就会很高。比如女方因为异地恋而提出分手，男方可以通过给出承诺(如半年内我去你所在的城市)来挽回两人的感情。

如果你想挽回，无论是真性分手还是假性分手，都要保持必要的沟通。当前任看不到你的动态了，发现你在逐渐割裂你们的关系，或者发现你不与其沟通了，你开始准备一个人生活了，对方会觉得你态度强硬、无意复合。这时，即使是假性分手，对方也会因不得不承认你们的关系已经无法挽回而心灰意冷。

反过来，就算是真性分手，和前任保持联系依然有着积极的作用：能给复合打下坚实的基础。

**2. 分手中期：成功率很高，联系起到了重要的积极作用**

分手中期指的是分手后一二个月到半年的这段时间。在此期间，若能和前任保持联系，则挽回效果是最好的。

我们来回顾一下之前说的，聊天最重要的功能有两个：一是搭建一个可以和前任联系的平台，让前任看到自己的动态；二是向前任传递自己的意愿和情感。

如果你们是真性分手，那么是时候将这两个功能发挥得淋漓尽致了：经过一段时间的改变和提升，你有了拿得出手的成果展示。比较微妙的是，由于时间的冲刷，前任在此时对你的怨恨有所减少，对你的思念却开始蔓延。此时，正是你联系前任、再续前缘的好时机。

这时，保持和前任的接触和联系，逐渐升级你们之前的关系，十分有利于你的复合。理性上，前任看到了你身上有了正向改变；感性上，前任开始怀念有你的日子，前任这个时候感觉到了分手之后一个人生活的不习惯。

### 3. 分手后期：大势已去，你逐渐沦为"备胎"

如果你们持续联系了半年以上还没有复合，那么挽回的希望就愈来愈渺茫了。时间越长，挽回的概率就越小。

在这个阶段，前任已经看到你所做的改变。同时，对方已经逐渐习惯一个人生活，甚至已经(或准备)开始下一段感情。

这个时候，前任之所以和你保持联系，未必是对过往念念不忘，更大的可能是把你当成了一个情感寄托，甚至是一个"备胎"。

也许你一直都在坚持改变和提升自己，但是千万别忘了，你的前任此时的态度已经发生改变：对方很有可能会觉得"你真的很优秀了，但是和我有什么关系呢？"

举个例子：同学聚会的时候，你发现读书时跟你在一起的前任，现在是一个企业的高管，年薪上百万，有车有房。你会因为你的前任现在价值特别高，所以有复合的冲动吗？

多数人不会有。

因为你有了自己的生活，开始适应了现在的节奏。你现在过得很好，为什么要尝试破镜重圆呢？

所以也不是"只要自己变好了前任就会回来"。前任回来的原因，除了你足够好，还要对方对你有需求。

需求不在了，你好与不好跟对方没有什么关系，你们之间也就没有故事了。

# 与前任复合，需要解决哪些难题

我挽回过很多棘手的分手案例：异国原因导致的分手，双方父母都反对导致的分手，年龄差距导致的分手……当一些人哭天抢地地和我说，他们面对的挽回问题有多么困难时，我往往一笑置之——大风大浪都经历过了，还怕这些吗？

当然，我也很清楚，对于大部分人来说，他们面对的情况是比较棘手的：一边是已经对自己丧失信任感、只有反感而没有好感的前任，另一边是分手之后过度放纵而变得一团糟的自己。

究竟应该怎么做，才能收拾好残局，面对接下来的挽回工作呢？

这一节我们就来介绍一下，与前任复合，需要解决哪些难题，要做哪几件事。

### 1. 分清楚自己到底是空虚寂寞，还是真的放不下前任

每次说到这个问题的时候，都会有人不屑一顾，觉得两者没有什么区别，都是想要挽回对方。

事实上，区别大了。

因为空虚寂寞而想要挽回前任的人，其核心诉求根本不

是"挽回",而是寻找一个陪伴自己的人。这些人根本没有办法静下心来改变自己和有所付出。

在挽回情感的过程中,最容易半途而废的就是他们。

但是,这些人往往误以为自己是因为放不下过去的感情才对前任念念不忘。

我见过不少这样颇具讽刺性的情景:遇到新人之前,一口一个"我前任是我的一生挚爱";遇到新人之后,则是"前任?什么前任?"

要想分清楚自己是不甘寂寞还是放不下前任,其实非常简单:找到你们之前相处过程中的一个矛盾冲突点,按照对方喜欢的方式去改变自己,先坚持一个月试试。

比如,过去对方经常抱怨你玩游戏太多,对其疏于陪伴,那么你试试一个月不玩游戏,看做不做得到。

或者,对方因为你不上进,对未来没有规划而与你分手,那么你试试坚持学习或健身一个月,看做不做得到。

如果是因为不甘寂寞而想要挽回前任,那么在做这些改变的过程中,很快就会开小差。因为在这样的人看来,即使做到这些,前任也未必会回来,所以没必要去做这些事情。

你看,如果一开始就抱着这种想法,真的不如找一个新人更省时省力。

**2. 克制住自己冲动的情绪,不让对方对你的印象持续恶化**

在挽回的过程中,情绪失控的情况是比较常见的。在这个时候，最困难的就是压制住这种情绪，不让一时的感情冲动打乱整个挽回计划。

就算你再后悔愧疚，也不能没完没了地去找前任哭诉道歉，这只会把对方一次次拖入那段其根本不想回忆的过往当中。

就算你再着急地想让对方回到你的身边，也不能立刻跑去对方那里表忠心，因为此刻满嘴空头支票的你，只会让前任觉得没有诚意。

就算你现在动不动就对着前任的社交动态做阅读理解，连前任分享一首歌都要猜测隐藏的含义，也必须逼着自己忘掉这件事，因为无尽的猜测会让你心神不定，无法按照自己的计划做事。

如果你打算挽回对方，就要在这个过程中一次次地压抑住自己的冲动，不管是找人倾诉，还是转移注意力，抑或是适当地屏蔽掉一些有关前任的动态和消息，你都必须保证：不管自己心态崩塌成什么样子，都不能把这种情绪带入你的挽回行动中。

因为在情绪失控的状态下，只会进一步让前任感觉到你不可靠，很危险。

**3. 真的对自己进行总结反思，并且做出实际改变**

坦白说，虽然"改变自己"这件事大家都知道，但是真要落实下去并没有那么容易。

你在过往的状态当中已经生活了那么多年，现在要你在短时间内改变自己一直以来的观念和行为方式,你真的能做到吗?

所以,当你想要挽回前任的时候,一定要认真审视自己的内心,严肃地问自己:我是否真的愿意因为这个人去改变自己?如果我的前任到现在还认为他自己什么都没有做错,我是否真的愿意主动做出让步和妥协?

要知道,这些改变你原本没有必要做,但是你既然要做,就要心甘情愿,不要抱着"我为你做了这么多事情,你就应该和我复合"这样的想法,在道德上绑架对方。

**4. 即使想要挽回对方,也要做到不卑不亢**

我们前面说的三件事情,大部分人通过努力是可以做到的。

但是第四件事,涉及自我心态的保持,很多人都难以做到。因为他们的得失心太重,总是害怕彻底失去对方,所以在挽回的过程中总是不由自主地变得卑微起来:

不惜打乱自己原来的生活节奏,只要前任愿意搭理自己就行;放下要做的事情陪着对方聊天是应该的;愿意无底线地为前任付出和牺牲,只要对方还愿意和自己保持联系;不管前任说什么都是对的,自己把所有责任都承担下来,一切都是自己的错……

你以为这样就可以展示出自己的诚意吗?实际上,这样做根本不利于复合。虽然你现在真的很想挽回对方,但是你一下子把自己的位置摆得这么低,很容易让对方背负巨大的心理负担。而且渐渐地，对方可能恃宠而骄，觉得自己真的什么都没有做错，觉得你为其做什么都是应该的。更严重的是，如果你的心理地位一直特别低，对方反而不着急与你复合："反正只要我点头就能重归于好，我还是先观察着吧，我不着急。"

你要知道，当你去挽回对方的时候，目的并不是要对方回来，而是踏踏实实地去改变自己，通过做一个更好的自己来重新吸引对方。

这两者是有本质差异的——前者会为了对方而无原则地退让，而后者的目的始终是先练好自己。

**5. 对于过去的事情，真的能做到既往不咎**

这件事直接关乎你们复合之后感情的稳定程度。

有的情侣虽然很快复合了，但实际上，对于过去感情中遗留的问题，其心里一直没有放下。

我经常跟那些复合成功的人说：你们复合之后，就要清楚自己是在开始一段新的感情，你们必须对之前发生过的事情既往不咎。我知道，前任可能做过伤害你的事情，但是既然你要重新开始，就不能对过去耿耿于怀。

或许你现在觉得自己能做到既往不咎，但那可能是因为你还没有成功与对方复合：等到你真的见到复合的曙光时，等到你们真的重归于好时，你内心多少会有一些不服气。你可能会觉得："感情是两个人的，为什么要我一直主动挽回你？"

你真的能做到既往不咎，去开始一段新的恋情，而不是打算复合后再一点点翻旧账，清算你的委屈和不满吗？

想清楚这些问题，再来考虑要不要挽回对方吧！

## 如何区分假性分手与真性分手

当我们想要挽回前任的时候，首要做的不是直接去联系对方，而是要判断清楚一件事：这到底是真性分手，还是假性分手？

你可能感到疑惑：这件事还能有假？

是的，有假。

我曾经的一任女朋友，在我们交往的两年中，先后十几次向我提出分手，但没有一次是认真的。

因为分手几天之后，她总会乖乖地回来，开口就是："我想了想，我们那天太激动了……"

对于有些人来说，这不过就是一个发泄情绪的方式。甚至有些女生还会向我咨询："老师，我闹分手就是想让他来哄哄我，怎么他还没动静？"

这样的想法确实很"作"，但是我们能够通过这件事知道：分手是分真假的。

**1. 假性分手**

假性分手最大的特点，其实我已通过上面的例子说明了：提出分手的人根本不想分手，而是希望你做出妥协和让步，甚至只是哄哄他(她)。这样的人，会想办法来吸引你的注意力。

大张旗鼓地闹腾从来都不是真的要离开，真正的离开都是在一个午后悄悄收拾好东西，打开门，头也不回地离去。

一个提出分手之后隔三差五来找你的人，一个分手之后在微信朋友圈中伤春悲秋的人，根本不是想和你分手。

如果你的前任具备以下三点特质，则说明你们之间是假性分手，你只需要在两三天后态度诚恳地认错，哄一哄他(她)，对方就会回来。

第一，保留着你所有的联系方式，并且频繁地在社交平台上发布一些伤感的状态。

第二，提出分手之后却一而再、再而三地来找你聊天，并在找你聊天的时候还带着指责或者愤怒等激动的情绪。

第三，导致你们分手的原因，可能仅仅是一次激烈的争吵，或者是你对一件事情的做法令对方不满意。

在假性分手期间，有三点是特别需要注意的：一是不要找其他异性寻求解决办法；二是不要带着不良情绪去找对方理论；三是不要过度放纵自己，忽视了对方的情绪感受。

以上三种错误行为，往往会加重对方的负面情绪，同时让对方觉得你没有能力去解决感情中的矛盾，进而对你的好感度迅速下降，于是渐渐认为"分手好像也是一个正确的决定"。

面对假性分手，你需要做的是"哄"。

当然，这里所说的"哄"，不是让你无条件讨好对方。要知道，靠无条件讨好，留得住对方的人，却留不住对方的心。同样，也会使对方认为，可以以分手为手段，让你无条件妥协一切事情，进而变本加厉地以此相要挟。

因此，面对假性分手，需要哄得"有智慧"，让彼此之间的关系回暖的同时，又让对方认识到"以分手相要挟"是不对的。

这里提供一个公式：

**合理化的"哄"=诚恳表达歉意+阐述自我态度**

无论是男生还是女生，大多数都是"吃软不吃硬"的。所以当对方和你假性分手后，内心是希望你能主动哄他(她)的。

但是，我们所说的"哄"，不是让你说一堆肉麻的情话，而是安抚对方，试探对方现在的情绪状态；之后开始诚恳地表达歉意，就事论事，讲清楚自己做了哪些事情、说了哪些话，让对方感到伤心了，并表示以后再不会让彼此冲动地面对矛盾了。

最后，需要进行自我态度的阐述，这一步尤为关键。

之前无论是"哄"还是道歉，都在无意识中把自己放到了恋爱关系的低位，那么自我态度的表达，就是要把自己拉回与对方平等的位置。

在阐述的时候,要讲究话术,让对方在理解你的同时,意识到自己的过分之处,并向对方传递一个信号:"我可以照顾你的情绪,但是你也要意识到自己的错误。"

通过这种方式,可以让自己在看似软弱的表达背后,彰显出坚定的立场。

总体来说,按照上面谈到的挽回步骤,可以归纳如下:

第一步:"是哪个小仙女在这里生闷气呢?"(给聊天创造一个轻松的气氛)

第二步:"好啦,我知道错啦!刚才我在吵架的时候,态度确实不好,不该对你大喊大叫的,也不该……"(表达歉意)

第三步:"但是这件事你也得理解我一下,我最近真的是……我确实忽略了你的感受。"(将自己此前表现出的态度合理化)

第四步:"但我昨天生气是因为……这点小事你就要和我分手,以后可不能把分手放在嘴边,你要是再因为一点小事和我说分手,信不信我打你屁股?"(明确态度,拉回平位)

**2. 真性分手**

真性分手一般符合以下特征:

第一,分手的时候对方十分平静,而且分手的原因是长期相处下来感到不合适或不满意;

第二，分手之后，在相当长的时间之内对方没有来打扰你；

第三，分手之后切断了和你的联系，甚至删除了你的联系方式。

不可否认的是，真性分手的挽回难度比较高，但是如果用对处理方式，依然可以实现一定的复合率。

我们需要清楚一点：因为彼此曾经相爱过，所以存在着一定的感情基础。我们要做的并不是对破裂的感情进行修复，而是创造吸引力，让爱情之火二次燃烧。

真性分手后，一定不要采取以下挽回行为：用微信、电话、短信高频骚扰对方；过分低姿态乞求复合；用对方父母施压，逼迫对方妥协；制造偶遇，不断地刷存在感；向前任身边的异性"示威"，宣示自己的主权。

对于真性分手来说，一定要给彼此一个足够长的冷静期，一般3～21天是比较合适的。

在这段时间之内，你需要做出切实的自我提升，在形象、性格、行动等方面做出积极的转变，只有这样，才有利于在后面的挽回中重新赢得对方的好感。

## 发信息给对方还有回复，是不是假性分手

对于"假性分手"的定义，其实只需要记住一句话：分手根本不是对方的目的，而是手段；对方的真正目的是引起你重视，并促使你做出让步。

实际上，和你假性分手的人，比你更害怕断开联系。他根本就没有想过分手，你要是一下子跟他断了联系，就会变成他不想发生的真性分手。

所以，若是假性分手，对方一定会回复信息。

但是，对方回复信息，并不一定是假性分手。我们还需要根据对方回复的内容，判断对方的真实态度。

### 1. 简单的回复

简单的回复
- "嗯"
- "好的"
- "知道了"
- "哦"

**你在消耗她对你最后的容忍**

首先，恭喜你，对方还不至于完全看你不顺眼。哪怕是敷衍到了极致，最起码还愿意敷衍你。
其次，你要再这样下去，就离被拉黑不远了。

如果对方是这样回复你的，那么显然，这不是什么积极的信号，因为对方并不想和你继续聊下去。

不过，既然对方依然愿意回复你，至少说明，对方还愿意敷衍你，对你还没有讨厌到拉黑的地步。

但是你也不要因此就认为可以继续挑战对方的底线，因为这个时候对方还给你留着最后的一点情面，如果你继续以目前的状态不断打扰对方的生活，就真的有可能被拉进黑名单了。

所以，当你收到对方这样的消息时，应该做两件事情：

第一，停止和这个人的联系，避免对方对你的印象进一步恶化；

第二，开始以委婉的方式展示自己，比如在朋友圈中发一些自己积极向上的生活动态，让对方慢慢淡化之前对你的不良印象。

### 2. 简单的回应

简单的回应
- "那挺好的啊"
- "加油，你可以的"
- "确实，挺让人头疼的"
- "你说得对"

典型的、虚伪的"外交辞令"
- 对方对你的评价都是顺着你或者积极回应，未必一定是对你有兴趣。
- 记住，想和你继续交往的、对你感兴趣的人，会挖掘话题。

上图这样的信息比较具有欺骗性，它比上一种回复稍微好了一点，最起码对方在回应你的话题；但是细品之后，你有没有一种"嘴被堵住的感觉"？

当你给对方发信息说："我今天去健身房了。我的天，好久不运动，累死我了！"这时你是希望跟对方讲讲你的经历和感受，顺便聊聊对方最近的生活。

但是几分钟后收到对方的回复："那挺好的啊。"

你的心可能瞬间凉了一大半，只能干笑着说"哈哈，是的"。因为对方的回复传递出一个信息——我们的交流到此为止。这样的回复看似积极，但实际上对方根本没有延伸话题，也就没有给你继续聊下去的机会。

所以，这个时候我们要做的是继续展示自己的价值和改变，争取让对方看到我们更多的变化，为我们的改变所吸引。

### 3. 开始接过你的话题

> 关于自己的信息
> - "我那天看到了，这个漫展的确挺近的"
> - "我哪有时间啊，最近要忙死了"

> 不错的回应，但是依旧要保持警惕
> - 和你分享自己的状态绝对是一件好事，这说明这个人在你这里有交流的欲望
> - 但是，你要留心：你们的交流是双向的吗？

当你的前任开始接过你的话题，说起自己的状态时，说明对方开始愿意和你聊天了。

但是别高兴得太早，你要留心一件事：对方是真的愿意和你交流彼此的生活，还是仅仅将你当作情绪垃圾桶或者情感备胎？

我们需要根据对方的不同态度和表现，来采取不同的应对措施。

如果对方真的愿意和你分享生活、交流情感，那么你需要提高联系的频率。

而那些仅仅将你当作备胎的前任，最常见的表现就是，

需要你的时候,就拉你过来聊几句;不需要你的时候,就"嗯嗯""哦"这样敷衍着回复。对于这种情况,你需要稍微冷淡一下,让对方意识到你并不是必须挽回他(她),不要把你的真心当成可以随便利用的工具。

**4. 回复积极的信息**

> 对于你的询问
> - "我感觉你最近好像过得挺充实啊!"
> - "怎么回事,你也没出去过节吗?"

> 十分有价值的回复,积极的信息
> 这个人已经开始观察和注意你的动态了,已经开始想知道你最近在做什么了。在这种情况,和你复合的事情还会远吗?

如果收到图中所示的前任回复,那么恭喜你:对方能够承接起你的话题,并对你进行询问,说明对方已经对你的生活动态非常感兴趣了。

所以,借此机会,你可以开始尝试约对方见面了。因为这个时候,对方无论是被你吸引,还是对你的改变感到好奇,往往都会愿意与你见上一面的。

因此,判断对方是不是假性分手,不要只看对方是否回复你的信息,还要看对方回复的内容是什么,传递出怎样的态度,这才是决定你下一步采取何种挽回方式的关键。

## 分手后对方无缝衔接，还有必要挽回吗

之前有个来咨询的女生给我留下了十分深刻的印象。她刚刚抱着电话和我哭诉了3个小时，说如何离不开前任，全世界再也没有人会像前任对自己这么好了。结果没过多久，她又气呼呼地找我说："老师，我不想挽回了，你教我怎么开始一段新的感情吧！"

我问她怎么变得那么快，她发给我一张截图："呐，你自己看吧！"

那是他前任微博的截图，他们刚刚分手五天，这个男生已经晒出了和下一任的亲密合照。

那些分手之后无缝衔接的人，到底是怎么做到的？

当你下定决心要排除万难挽回对方的时候，却发现对方身边已经有了新人，你该怎么做？

大家都是明白人，说点真实的：分手后无缝衔接的人，95%的人都是早就有了上位对象，分手只不过是走个流程，让曾经的"出轨对象"名正言顺地上位罢了。

别觉得你的前任没有那么坏，是那5%的人——能在分手之后短时间内吸引到一个异性，并且通过互相观察考验，然后让对方接受。这么有魅力的一个人，我估计普通人一般也不太容易遇到吧！

所以，对于大部分普通人，如果前任在与你分手之后用

一种快得离谱的速度找了下一任，那么基本上可以确定，在分手之前你的头顶就已经有一片"青青草原"了。

所以这个人之前提出的分手理由，尤其是涉及对你评价的部分，基本上不用太当真。因为，那些所谓的"分手理由"，不过就是为了找茬逼你走。

仔细想一想：

你一直都喜欢追剧、玩游戏，又不是最近才喜欢上这些的，怎么对方忽然就认为你不思进取了？

你喜欢逛街买东西，但每次数额并不大，你自己都承担得起，怎么忽然就被扣上了"败家"的帽子？

你有时候会闹脾气，但你起码还是明事理的，真做错事了也会承认道歉，怎么忽然就被说成是作天作地的大小姐脾气？

好像在分手之前的那段时间，你忽然就变得十恶不赦了：你浑浑噩噩不思进取，你败家浪费没有金钱观念，和你在一起看不到未来，你没有一点责任心，你不讲道理、自以为是，你在感情当中就是一个"吸血鬼"……

过去能接受的，现在不能接受了；过去可爱的，变成可恨了；过去不是问题的，现在问题大了……欲加之罪，何患无辞？对方为了赶你走，什么"帽子"都能扣。

这些都是对方给自己开脱的方式：只要将你贬得一文不值，只要把你描述成一个十恶不赦的罪人，那么抛弃你、背叛你就变得理所应当了——不是我出轨，是我没有办法在这个人身边继续待下去。

你只要表现出委屈或者愤怒，只要和对方争辩几句，就正中对方的下怀：

"你看看，我说你，你还不听。"

"你这个人就是永远都不会从自己身上找原因，我跟你没有办法沟通。"

"你如果还是这个态度，咱俩真的没有办法在一起了。"

你要知道，出轨的人虽然道德品质不怎么样，但他并不愿意承认自己是一个见异思迁的人。所以他唯一的办法就是挑起事端，引发矛盾，然后借着机会把你从头到脚地否定一遍，这样他就可以心安理得了。

所以你会发现，这些无缝衔接的人，在和你分手之前就像急疯了一样，不停地告诉你：你不好，你有问题，你配不上我……但他就是死活不提分手，宁愿吵架、冷暴力，宁愿被你扯着一遍遍问"你到底是什么意思"，也绝口不说分手。

如果真的是你有问题，他会理直气壮地与你分手，因为他才是受害者。

但正是因为他知道，那些加给你的"罪名"是自己编出来的，他自己都不相信这套说法，所以不敢堂而皇之地提出分手。因为他清楚地知道，如果自己主动提出分手，然后无缝衔接新恋情，"负心汉"的罪名无疑就坐实了。

他虽然一次次义正词严地说你不对，却拖延着不肯说分手。他要拖到你受不了而提出分手，然后虚伪地装出一副舍不得的样子："居然搞成了这个样子，我很遗憾。但是如果你希望分开，那我们就分开吧！"

这样，他的负罪感就会小一些，可以骗自己说："你看，我可没有说分手哦，是对方说的。前任把我甩了，我重新找一个人谈恋爱，合情合理。"

对于这样的前任，在我看来是没有必要挽回的。

你觉得呢？

## 前任有这十五种表现，证明对方心里还有你

第一种：主动来找你、明确表示有复合意愿、对曾经的感情真正做出了检讨和反思的人，心里还有你。但是，如果对方主动来找你，只说喜欢你却绝口不提复合，对过往的感情也没有反思和检讨，那么说明对方的心里已经没有你了，只是另有所图。

第二种：问你分手之后还能不能做朋友，或者分手之后经常以"朋友"的名义接近你的，十有八九是对你念念不忘。难道交不到其他朋友吗，非要和前任做朋友？

第三种：对方日子过得好好的，却放着自己的事情不做，非要找你聊天，显然是放不下你。

第四种：有些前任的心理状态很有趣，他们就像学校里通过欺负女孩子来吸引对方注意的小男生，靠着给你找茬，

给你朋友圈乱评论惹你生气来吸引你的注意。

第五种：大半夜不去睡觉，非要拉着你聊情感，聊来聊去，最后落脚在"我到现在都没有谈恋爱"，想做什么就不用我多说了吧！

第六种：如果别人跟前任谈起你或你与前任之间的往事，前任马上神情严肃地表示不想讨论这件事，或者一听到你的名字就拉住对方聊个不停，都表示心里没有放下你。

第七种：与上一种同理，如果你的一位朋友突然和你聊起你的前任，那么，你的这位朋友多半是个"内鬼"——他可能是你的前任派过来打探情报的，目的就是试探一下你现在对前任是什么态度，前任能不能挽回你。

第八种：与你分手之后很长时间都没有谈恋爱的，或者谈了恋爱但是时间十分短暂的，多半都是忘不掉你。

第九种：分手之后迅速脱单的，如果确定不是因为对方在分手之前就已出轨，那么多半也是因为忘不掉你——有相当多的一部分人会在分手之后因为想要快速摆脱情伤而盲目开始一段新恋情。

第十种：如果对方以前并不热衷于在社交平台分享自己的生活，但是分手之后隔三差五就在朋友圈炫耀自己现在的生活多么美好、自己多么成功，那么对方的朋友圈很可能使用"部分可见"功能，仅对你可见。有些人忘不掉前任就会用这种赌气的方式向对方叫嚣："你看，没了你，我不是照样生活得很好？"但是实际上，正是因为忘不掉、放不下，才会赌气。

第十一种：如果前任经常在朋友圈发这样一些照片，比如你们曾经一起去过的地方，或者你之前送前任的礼物；或者分享一些你们过去经常听的歌，那么多半表示放不下你，想要挽回你——因为在挽回当中，这种要素叫作"心锚"，目的就是唤起你对这段感情的美好回忆。

第十二种：如果分手之后，你的前任改变得不错，而且还主动约你出来见面，那么多半是已经想要用行动挽回你了——因为在挽回当中，一般都是先改变自己，吸引对方，然后通过直接见面引发对方对自己的好奇心，最后再不断地拉近关系，伺机复合。

第十三种：如果你们还有联系，你可以揶揄对方一下："我觉得你分手之后过得很开心嘛！""你小日子过得可以啊！"如果对方无动于衷，就表示对方已经把你放下了；如果对方赶紧解释，绕来绕去想表达"没有你的生活一点也不开心"，那就说明他的心里还有你。

第十四种：如果对方心里还有你，虽然不一定主动找你，但是你主动与其联系的话，都会得到很积极的回应。有些时候，不来找你，未必是不喜欢你，或者忘记你了，可能只是因为不清楚你对其的态度，所以不敢接近你。

第十五种：对你还有怨气的，多半是还没有放下你；而表示过去的都过去了且特别淡定的人，则真的没把之前的感情当回事。

其实，你能耐心看完这么多种表现，对方心里有没有你不好说，但可以确定你心里一直都有这个人——既然这样，为什么你不尝试主动挽回对方呢？

## 分手后拉黑了联系方式，还能挽回吗

曾经有不少咨询者非常痛苦地问我，前任将其的联系方式拉入了黑名单，是不是没有挽回的余地了。

对于这种问题，绝大多数情况下，我会告诉他们，不用害怕，对方只是希望能够忘掉你，但是并没有真的放下你。

为什么这么说呢？

因为在情感心理学中，戒断前任的第一步就是拉黑对方的联系方式。因为很多咨询者根本管不住自己，只要留下前任的联系方式，他们就会忍不住去联系对方，甚至无休止地骚扰对方。所以作为心理咨询师，我们都会建议想要戒断前任的咨询者，删除或拉黑前任的联系方式——但是我们知道，这并不代表戒断成功。

真正的戒断是：你还在我的好友名单里，但是我根本不想和你联系。你发消息给我，我也懒得搭理你；就算搭理你，我也不会想与你复合。这才是最决绝的态度。

所以，分手后删除了联系方式，只能代表对方正在试图努力忘记你。但是从严格意义上说，并没有真的放下你。

那么，这是不是意味着，如果被删除的人再去联系对方，会有好的转机呢？

其实并不是。

因为删除这个举动虽然不代表彻底放下，但也是一个带有强烈情绪的举动，说明做出删除行为的一方十分厌恶和反感被删除的人，短时间内不是很想再和那个人联系。

之所以不想联系，可能是因为之前的沟通十分不愉快，没价值，没效率，所以与其留着对方，让这个人对自己进行长时间无效率的打扰，还不如删除或者拉黑，眼不见心不烦。

所以，要是真想和删除你的人重新建立联系，比较好的方式是写长信来和对方沟通。因为写信是一个单方面的输出，对方会在一个比较沉浸的状态中接收你的信息，免去了面对面交流时因情绪激动而再次发生争吵。

但是，如果做出删除行为的人是你自己，而你真的需要给自己制造一个不被打扰的环境时，一定要记得：要删除就全部删除，不要给对方留下任何可以联系到你的路径。

之前帮助一些女生戒断前任的时候，我发现了一个特别有意思的现象：有些女生删除了前任的微信好友之后，我让她们把对方的手机号也拉黑屏蔽，结果她们立马表现出一副不情愿的样子。

我知道她们在想什么，她们表面上删除了这个人，但实际上心里还是放不下，故意留出一个小窗口让对方有机会来找自己。

另外，很多人在删除了前任之后，还会收到前任添加好友的请求，他们也会来问我要不要重新添加前任为好友。

对于这种情况，我建议考虑以下两方面因素。

第一，如果你不想和对方复合，那么能否做到就算对方来加你，你也能不受他的情绪干扰？

第二，如果你并不拒绝和对方再续前缘，那么他有没有真的改变自己，对之前的感情进行过认真的反思？

像我一开始说的：删除前任，并不能说明你真的忘记了这个人。真正忘记和放下一个人是，就算他在你面前，你也能心如止水，情绪没有任何波动。

到了这个时候，其实对方加不加回好友来也无所谓了，你要是觉得两个人毕竟曾经交往过，没必要把关系搞得那么僵，你想加回来当然可以。

而如果你想给对方一个机会，那么一定要看对方是否真的能够解决之前导致分手的问题。此时，要看对方的实际行动，因为有太多的人为了能够挽回前任，会开出特别多的空头支票，但是一旦看到复合的希望，就会忘乎所以，恢复其本来的面目。

实际上，删除联系方式这件事虽然看起来十分严重，但并不是最可怕的。

最可怕的是不在乎，就算你在他的好友名单里，就算你还和他有联系，但他根本不理你。

## 分手时，是否该找对方把问题说清楚

对于分手，很多人的处理方式都不一样。有的人认为应该把话谈开了，说清楚，分手也分得明明白白；有的人认为既然已经决定分手，说什么都没有意义了，不如不说。

我的建议是：分手时，最好把话说清楚。

因为，你们在分手的时候说了什么，会直接影响两人分手后的关系发展。有很多分手之后的遗留问题，都是由分手时没有把话说清楚而导致的。

大部分人提出分手的原因，归纳起来无外乎两种：一种是由于有各种现实原因，导致你不想努力与对方继续走下去，比如异地分居、父母反对，等等；另一种是没有具体的现实原因，就是不喜欢对方了。

这两种情况，在分手的时候处理方式都是不一样的。

对于第一种情况，之所以必须把话说清楚，是为了让对方清楚，阻碍你们继续交往的现实问题是什么。

倘若有一天这个问题解决了，你们还是有可能复合的——如果未来的某一天你真的想要挽回这段感情，那么分手时将话说清楚就太有必要了。

如果分手时不把话说清楚，你在试图挽回的时候，对方心里是会产生抵触情绪的：凭什么你说分手就分手，你说和好就和好？

但是，如果分手时你把原因说得清清楚楚，那么挽回的时候也可以试着说服对方："我了解是什么导致我们分手的，我已经找到解决方案了。"

比如：

- 当初分手是因为我们异地分居，并且对未来没有规划；现在我工作变动，要去你所在的城市了，而且我打算在那里定居。
- 当初分手是因为父母强烈反对，现在父母见我一直不愿与其他人交往，所以决定不再干涉我和谁恋爱了。
- 当初分手是因为我工作太忙，与你缺少交流；现在我换了一份朝九晚五的工作，可以多点时间陪你了。

这样对方会更容易接受，至少也可以看出你是在认真对待这份感情。

所以，对于这种因为现实问题而导致的分手，在分手时应该把话说清楚，不仅表示了对这段感情的尊重，也为彼此留下一点余地——万一以后想要挽回呢？

而对于第二种情况，很多人是不想挽回的，因为提出分手的人已经对对方没有兴趣了。他知道对方很好，也知道分手后可能一时半会儿也找不到更好的人，但就是不愿意和对方继续交往下去了。

在这种情况下，我们更需要把话说清楚，只有这样才能避免对方纠缠。

- "是的，我就是不喜欢你了，没有为什么，也不是你哪里做得不好，我就是厌倦了，和你没什么关系，我这个人本来就是这样的。"——堵住对方"自我改正"的道路。

- "你没有对不起我,我也没有对不起你,如果我有问题,我也不想改了,反正我本来也想分手了,所以别指望我和你一起解决问题。"——堵住对方"一起努力"的道路。

- "我这个人就是很随性,不管你做什么或者变成什么样子,我都不会再喜欢上你。你变好看不会,你变苗条不会,你变有钱也不会,所以你也不要做徒劳的努力了。"——堵住对方"二次吸引"的设想。

- "你可以恨我,反正我是来通知你的,不是来和你商量的。我这就拉黑你所有的联系方式,你别来找我,也找不到我。"——宁可让对方恨你,宁可表现得绝情一些,也不要给对方继续纠缠你的机会。

虽然这样做很残忍,但是如果你真的从心里厌倦这个人了,这对你们双方都有好处:你都已经死心了,如果还让对方对你抱有幻想,或者还让对方因为觉得可以改变什么而在你身上耗费时间,那是对你们两个人的不负责任。

所以,分手时一定要把话说清楚,要么告诉对方"我对你没有什么不满,真的是因为一些现实问题导致我们走不下去了";要么告诉对方"我就是不喜欢你了,无论你变成什么样子,我都不会再喜欢你"。

## 判断你的前任是否值得挽回

读完之前的章节，你可能会发现一个问题：在一本讲述挽回的书当中，我不止一次提到"没必要挽回"这样的概念。

的确，并不是所有的分手都适合挽回，有的挽回甚至会害了你。

曾经有一个女生想要请我帮忙挽回前任，但她的前任是PUA①。在他们的交往过程中，前任无数次贬低和否定她的价值，利用完她之后就一脚踹掉了她。但是，这种长期的精神操控居然让女生误以为自己真的很不好，是自己搞砸了这段关系。

这样的一段关系显然是不值得挽回的。

所以，在你开始挽回之前，不妨先看看这一节，判断一下你费尽心思想要挽回的那一位，真的值得你这么做吗？

**1. 不值得挽回的感情**

我一般不建议挽回的感情，一般包括以下几种。

(1) 你们之间存在很大的差异，你只不过是不习惯失去这个人的感觉

我们面对悲伤的时候，首先的心理反应就是"否认"，

---

① PUA，全称"Pick-up Artist"，原意是指"搭讪艺术家"，泛指很会吸引异性、让异性着迷的人和其相关行为。

因为我们不希望生活当中出现太大的意外和变数，因此我们会本能地想要否认现在的变化，想要回到过去的稳定状态。

但是当你接受不了分手的事实，想要挽回对方的时候，有没有想过其实你们之间根本不合适？

有的人想挽回对方的原因根本不是多么喜欢对方，而只是习惯了身边有人陪伴。

如果你不知道怎么判断，我给你三个标准来看一下，你心里大概就有数了。

第一，在相处的过程中，你们曾经因为价值观的差异爆发过三次以上的争吵。

第二，在相处的过程中，你对对方的很多行为感到不满，但是由于还在一起就选择了忍耐。

第三，当你们之前出现差异的时候，对方会表现得十分不耐烦，直接说你是错的或者是你不好。

以上三条，只要有一条符合，就说明你们两个人根本不合适，你只是因为受不了单身生活，所以想要挽回对方。

(2) 对于导致分手的问题，你并不想努力解决

举一个最常见的例子：异地恋分手。

我经常遇到这样一些咨询者，他们在异地恋分手之后，哭着喊着要我帮忙挽回前任。但是在了解基本情况之后，我劝退了其中的很多人。因为他们根本就不想解决感情中的实际阻碍，何苦浪费时间和精力去挽回对方？

你在这里倒苦水，卖惨，表示放不下对方，结果一说要去对方的城市，立马变脸，这样的感情有什么值得挽回的？

同理，因为家庭条件、父母反对等原因导致的分手，不是不能挽回，但是只要你决定挽回，就要准备好，很大可能会让你做出退让和牺牲。如果没有这个觉悟，我建议还是不要挽回。

导致你们分手的原因就是那个明摆着的问题，你自己都不愿意解决它，即使你们复合了，又能怎么样呢？情况会变得更好吗？你们到最后不还是要面临这样的问题吗？

(3) 负罪感太重，想要靠挽回来弥补对方

你要知道，能推动我们做事情的，永远不是负面的情绪。负面的情绪虽然会让我们在恐慌和羞愧当中产生更多的动力，但是如果这种状态持续太久，你会因感到压力太大而想要逃避。

曾经有一位男生请我帮忙挽回他的前女友，当时分手的原因是他做了非常对不起对方的事情，让对方受到很大伤害。现在他一想到前女友就满心的痛苦和愧疚，所以想要挽回对方，弥补自己曾经的过错。

当时我告诉他："如果你想到对方的时候，心中只有痛苦和愧疚，那就不要去挽回她，因为那会对你们造成更大的伤害。"

他不听劝阻，执意去做。

虽然两个人复合了，但是他每次看到女朋友的时候都感觉抬不起头来，每次说话的时候都是小心翼翼的，生怕自己再说错什么话、做错什么事情，完全没有恋爱的感觉。

到后来，他们还是分手了。他以为主动挽回可以在感情

上弥补对方，到最后又在对方的心上插了一刀。

(4) 你要对自己做出代价极大的、不必要的改变才能挽回

这种情况的一般表现是：你们在三观和未来规划上有很大的冲突。

这种原因导致的分手，几乎没有办法说清楚谁对谁错：你们都选择了自己喜欢的道路，但是你们两个人不合适。如果你们换一个伴侣，根本不会分手——甚至那个人还会觉得和你特别合拍。

要知道，人的性格和观念是很难在短时间内改变的，所以即使你真的努力去挽回对方，这些巨大的改变也会让你感到十分不适，甚至引起对方反感。搞不好，到最后你还会把这些怨气发泄在对方的身上："都是你，让我牺牲这么多，你亏欠我太多了！"

如果陷入这样的局面，你们又怎么能走得长远呢？

(5) 为了挽回前任，你把姿态摆得很低

接触的咨询者多了之后，我发现：人要是卑微起来，什么事都能干出来。

有的人即使在分手之后，还会给前任打钱、买东西，希望对方回到自己身边；有的女生分手之后，明知道前任不是真心和自己在一起，还傻傻地满足对方的一切要求；还有人在分手之后，为了让对方原谅自己，甚至采用自残的方式。

这样的挽回方式，都是不可取的。

需要记住的是：感情当中是有心理地位博弈的，如果你

的地位太低，对方不仅不会和你在一起，反而会觉得和你分手是对的："你看，现在我不需要你，但是你没了我就活不下去，说明你配不上我。"

我知道分手对于很多人来说都是一道坎，是让人肝肠寸断的一件事情，所以很多人希望挽回前任，希望两个人能和好如初。

但我想说的是，很遗憾，并不是所有的爱都可以重来。

如果你已经将自己的姿态摆得很低，苦苦哀求对方留下来，那么你现在最需要做的是学会放手。

我们的感情，放对了地方叫作深爱，放错了地方只能叫作浪费。

**2. 值得挽回的感情**

那么，什么样的感情才值得我们努力挽回呢？

第一，前任身上有独特的价值，能让你心甘情愿地为对方付出和牺牲。

第二，前任给你留下了十分深刻的印象，以至于当对方离开你之后，你根本没有办法仅仅通过换一个新人来抹平这样的印记——甚至有的时候，你越试图通过换新人来忘记前任，反而越会觉得前任对你而言不可替代。

第三，你们之间真的十分契合，当初你们分开是彻头彻尾的遗憾，你可以做得更好。如果你们能够复合，你会坚持和这个人一直走下去。

以上三条，只要符合一条，请你无论如何也要去挽回对方。不管对方和你是真性分手还是假性分手，不管这个人身在何方，不管你现在还有没有对方的消息，你都必须去挽回对方。因为这样的人，你一辈子也遇不到几个，甚至可能对方就是唯一一个了。

你不能就这么算了，必须给自己一个交代：要么你和对方重归于好，要么你挽回失败，从此彻底断了念想。否则，那种"如果当初……"的想法，会折磨你一辈子。

## 挽回过程中，你可能犯的错误汇总

挽回前任的过程中，最重要的事情是什么？其实在我看起来，只有三个字：不犯错。

我不止一次强调过：在挽回前任的过程中，你可以犯的错误是很少的，你的试错成本是相当高的。

对于很多咨询者，当我了解他们的情况后，会感觉很无奈：他们本来是可以成功挽回的，只要用科学的方法加以辅助，前任大概率会与他们复合。但他们就是耐不住性子，在挽回的过程中因为自己操之过急，所以一次次犯错，最后让双方的感情彻底恶化。

我们究竟应该在挽回的过程中避免哪些错误？相信这一节的内容会对你有所启发。

**1. 分手之后立刻去挽回**

在挽回的过程中,对于时机的把握是非常重要的。

举个例子:前任刚刚把你拉黑的时候,你申请添加好友,等待你的只会是被拒绝。但是分手半个月到一个月之后,你再申请添加好友,对方可能就会把你加回来。

选择两个不同的时间点,结局大不相同,原因是什么呢?

刚刚分手的时候,前任对你还有不满和怨言,动手拉黑你,就表明不希望和你再有交集。这个时候你去挽回,必然会碰一鼻子灰。

但是间隔半个月到一个月之后,对方的情绪已经恢复了平静,可以客观冷静地看待你。另外,断开联络的这段时间,对方很有可能对分手后的孤单和寂寞感到不适应,若没有新的感情出现,对你也许会产生一定程度的思念。

这个时候再去挽回,可以大大提高成功率。

**2. 控制不住情绪,做出极端的行为**

我曾经见过不少男生,在分手之后非常后悔,为了向前任表达自己的悔恨之情,当着很多人的面给对方下跪,扇自己耳光;有的还会跑到前任的公司门口或前任居住的小区门口拉横幅忏悔表白。

这样的行为,只会让对方觉得你这个人性格偏激,情绪不稳定,根本不敢与你复合。

### 3. 急于求成，甚至挽回动机不纯

有一些男生，在挽回的时候总是急于求成。

比如有的男生，在挽回的过程中见对方没有特别排斥他，就立刻对女生动手动脚，甚至学习偶像剧中的"壁咚"和"强吻"。

殊不知，女生往往最讨厌的就是这样。她会认为你并不是真心在乎她，只是需要一个泄欲的工具。

在挽回过程中做出这种行为，无疑会将女生对你的印象分变成负数。

### 4. 频繁地进行消息轰炸，甚至干涉对方的生活

有一些人，看到挽回形势向好后，总是忍不住单方面将自己代入对方恋人的角色。

比如有的男生会不分时间场合地给对方发聊天信息，发视频通话，也不管对方是不是在忙；有的女生看到对方和女同事一起说笑着走出办公大楼，就上去质问"她是谁""你们是什么关系"。

殊不知，这个时候你们并没有正式复合，如果莫名其妙地以对方的恋人自居，做出一些令对方尴尬甚至引起对方反感的事情，无疑会让对方断了与你复合的想法。

试想：还没有复合就做出这样的事情，如果真的复合，还不被你烦死？

## 因性格不合导致的分手，还能挽回吗

有不少人，当被问到为什么会和前任分手的时候，会选择回答"性格不合"，似乎要表达这么一个意思：我们性格不合，所以注定不能走到最后。

真的是这样吗？

不是的。相反，因为性格不合而导致的分手，不仅是可以挽回的，而且挽回的难度更低。

因性格不合而导致的分手，在挽回的过程中只要解决两个问题，基本上都可以与对方重归于好。

### 1. 真正意识到自己与对方的性格不合，导致对方在感情当中受到了伤害

在我以往接触过的案例中，由于双方性格不合而与前任分手的一些咨询者，往往会有这样的想法：我的性格没有任何问题，只不过惹到前任了，老师您告诉我怎样才能把前任哄回来就可以了。

这种想法本身就是不对的。

当你觉得自己的性格没有问题，只需要把对方"哄"回来就可以的时候，其实默认对方有错。那么，这就注定了你不会认真反思自己在这段感情当中有哪些不适当的行为，不会耐心地与对方沟通。这样即使暂时哄着前任与你复合，在

以后的相处过程中，感情还容易出现裂痕，因为之前导致你们产生矛盾的根本问题并没有得到彻底解决。

所以，首先需要明确一件事情：你的性格可能没有问题，但是你表达性格的方式可能是有问题的。你在对方面前展现自己性格的时候，可能会伤害到对方。

比如你是一个急性子的人，对方受不了你急躁的性格而与你分手。

急性子并不能算是性格缺陷，但要注意的是：你急躁的性格，在和对方沟通的时候，会不会伤害到对方。

举个例子：

你性子急，每次约会都提前到，每次一起吃饭都早早吃完放下筷子等对方。

这是没有问题的。

但是，如果你因为约会提前到而等得不耐烦，因为自己吃饭快而责怪对方磨磨蹭蹭，甚至认为"我就是急性子，所以稍微慢了一点我就可以吼你，就可以甩脸色给你看"，那么这就是你的问题了。

**2. 通过对方认同的方式，让对方真正接纳改过自新后的自己**

有很多人，尽管认识到自己的不足，也愿意在以后的交往过程中努力改正，但是在挽回对方的时候，只会说一句"我错了，我会改"。

但是，这样的话，在前任听来，一点可信度都没有。

在挽回的最后一步，你需要按照下面这个模板来阐明态度，说服对方：

我之前在感情当中犯了×××的错误，是因为我×××方面有问题，所以我表现得十分差劲。

而你接受不了我的性格，是因为我的性格在×××方面给你带来了伤害，你十分在乎这一点。

我已经明白了自己的想法和做法是错误的，并且我还做了一些改变，比如×××。所以，我现在已经完全意识到我的问题，并且积极改正了。

将自己的问题剖析清楚，将改正方案明确摆出来，你挽回的语言才更有说服力，对方才有可能真的重新接纳你。

因此，性格不合适导致的分手是可以挽回的，但是在开始挽回行动之前一定要先问问自己：我真的知道自己哪里出现了问题吗？我真的知道对方是因为什么和我分手的吗？

## 男生提出分手后，还会回来找你吗

想知道男生提出分手以后是否会来找你，我们需要明确以下几个问题。

**1. 男生提分手意味着什么**

首先，当代男女关系里，年轻女性的择偶空间往往更大一些——这也就意味着，在分手后，男生找到新伴侣的难度是大于女性的。

在恋爱初期，一般是男生投入更多的时间精力，所以要想在分手后建立新的恋爱关系，男生所付出的代价往往也会大于女生。这也是很多女生在恋爱中"有恃无恐"的原因。

因此，男生提出分手，多半是因为他认为和你在一起的成本太高(比如物质成本或精神成本)，以至于他宁愿再开始一段未知的恋情，也不愿意继续和你凑合下去。

其次，受传统观念和思维方式的影响，大多数男生在感情问题上其实是很容易满足的。一方面，他们喜欢扮演"给予者""拯救者"的角色，喜欢被需要、被依靠的感觉；另一方面，他们不愿意被贴上"逃避""放弃""一走了之"之类的标签，这和他们心目中的英雄情结是相违背的。

从这个角度讲，如果一个男生主动提出分手，很有可能是因为和你在一起的不愉快感(比如压力、不安全感)，已经超过了背弃责任的罪恶感，才让他不得不半途而废。

最后，男生往往考虑得更长远。因此，如果一个男生下定决心分手，有可能是他认为从长远角度看，和你在一起不能真正满足他的需求；而他又确信，没有你，他将会获得更好的感情与生活。

综上所述，如果一个男生主动提分手，很可能意味着：

第一，他对你很不满；第二，他想要更好的；第三，他认为自己能找到更好的。

**2. 男生分手后的感觉**

男生在分手之后，一般会经历四个阶段。

第一阶段：如释重负，开始尽情享受久违的单身生活，把自己从恋爱的束缚中解放出来，开始放飞自我。具体表现为，不再注意个人卫生，不再注意生活规律，和朋友们尽情玩游戏、畅饮、侃大山。

第二阶段：经过一段时间的疯狂，头脑逐渐冷静下来。环顾冷清清的住所，盯着好友列表里那个空空如也的分组，心智脆弱的已经开始怀念前女友的种种好处；心智坚强的则克制住自己的幻想，静下心做一个计划表，列出自己接下来的打算。

第三阶段：发现一个人的生活的确难熬。坚强的那一批人开始沉迷工作、爱好，靠这些弥补心灵的空档；脆弱的那一批人开始降低标准，向那些他以前不会追求的女生投递信号。如果没有收到反馈，或者可供他选择的异性难以令他满足，他很可能陷入对前女友的怀念与对盲目分手的自责里。

第四阶段：熬过这段空档期的男生，生活逐渐走入正轨，前女友对他而言已经成为一段历史。熬不过的男生，开始用酒精、香烟、电子游戏麻痹自己。最脆弱的那一批人，已经开始找机会寻求复合。

### 3. 挽回的余地，取决于这个男生的选择空间

通过上面的分析，不难看出，一个男生是否会有和前任复合的意愿，很大程度上并不取决于前任的态度，而是取决于他自己的选择空间。

和女生不同，大多数男生是很讲究面子的。要他们复合，首先要他们战胜自己"好马不吃回头草"的心理。而只有复合的条件非常丰厚，他们才会为此抛下自己的"大男子情结"，心甘情愿地和前任再续前缘。

而如果这个男生和你在生活习惯、个人条件、发展空间、未来追求等方面的差距过大，那么意味着除了和你复合以外，他还有很大的选择空间。在这种情况下，无论你多么努力，他可能都不会与你复合。

"时间不够长，新欢不够好"被认为是难以忘记前任的重要原因。这话说得固然难听，但你最好相信。

### 4. 如果你真的想挽回，有什么是能做的

主动向对方承认错误，请求他的原谅，并保证下不为例——这是很多女生会采取的挽回措施，但是并不一定管用。

就像上面说的，男生和你分手，是经过深思熟虑的。他眼里盯着更美好的生活，很难再愿意和你回到原来的生活里。

在这种情况下，认识到自己的错误，及时止损，把自己

的愧疚用在下一任身上，也许是更好的选择。

但是，如果你真的对前任难以割舍，并且确信自己可以挽回，那么这里有一些建议，你不妨尝试一下。

第一步，冷静停止你"死缠烂打"的挽回方式，给自己和前任一段真正的冷静期(大约一个星期左右)，防止你在极端的情绪下再次做出让自己后悔的事。

第二步，总结在这段感情当中的经验教训，列一份清单，详细写上你的哪些行为让伴侣喜欢，哪些行为会引起伴侣反感，然后向你身边关系好的情侣们讨教，耐心听取他们的意见。

第三步，重建吸引力，化解矛盾。当你确定自己已经冷静下来，真正愿意改变自己(而不是仅靠花言巧语把前任骗回来)以后，再去找到对方，坦诚地告诉他，你做了哪些反思与努力，用实际行动证明你的诚意。

如果对方愿意原谅你，你要抓住机会，一面证明自己已经改过，一面展示自己的魅力，力图重建当初对对方的吸引力。

如果对方仍然不愿意原谅你，也不要因此放弃调整自己心态的努力，这样才能避免在下一次恋爱中犯同样的错误。

## 被女生"作"跑的男朋友，还能挽回吗

在谈恋爱的过程中，有不少女生会做出"作天作地"的行为：发信息给男朋友，十分钟没收到回复，就认为对方不重视她，要大吵一架；情人节男朋友送的礼物不合心意，就认为对方不懂她，要大闹一场；更有甚者，"大姨妈"光临时心情不好，没有机会创造机会也要与男朋友"作"上一通，找一找存在感。

终于，把男朋友"作"跑了，她也消停了。

试问，在这种情况下，她还能挽回男朋友吗？

坦白说，如果对方看到的依然是你低自尊且控制欲极强的老样子，他是不会和你复合的。

你要明白：让男生回头的决定因素，真的不在于"你有多么爱他"，而在于"这段感情值不值得他回头"。

如果你在分手以后，萎靡度日、消极怠工，这只会让他觉得"你对他的依赖性还是很强，如果与你复合了，你还是会每天围着他转"。这样的你所展现出来的交往价值，真的无法说服他回头。你的纠缠、你的乞求、你的卑微，只会让男生觉得"未来的你只会更'作'"。

事实就是这样，当"作女"以一种极低的姿态去挽回时，就算彼此复合了，她也会在日后想方设法地找补回地位，进而变本加厉地去"作"。

所以现在真的不要病急乱投医，学什么挽回的万能套路。倘若你的核心问题没有解决，即使成功挽回了，也不过是下一次分手的前奏。

曾经的你，凡事都"作"着男朋友替你去完成；那么分手后的你，要学会独立且自信地经营好生活。曾经的你，有一点风吹草动就患得患失，怀疑他人；那么分手后的你，要学会认可自身的价值，接纳他人的观点。曾经的你，从不顾及他人的感受，由着性子做事；那么分手后的你，要学会体察周围人的情绪，合理地进行社交互动……

比如说，曾经的你，一来大姨妈，就想让男朋友身前身后地伺候你；那么在分手后，不妨发一个这样的信息："你的胃药还在我这儿，最近你的胃还疼过吗？"就这简单的一句话，要比你学再多欲擒故纵的套路都有用。

要想挽回，你不能从一开始就乱了阵脚，否则你的挽回不过是另一种形式的"作"。

所以，对于那些把男朋友"作"跑的女生，我建议从以下五个问题入手，对之前的感情进行复盘。

第一，对方曾经高频忍受你的点是什么？对方的原则和诉求是什么？

第二，自己能不能放下焦虑，理性地和对方探讨曾经发生过的情感问题？

第三，与过去的你相比，对方更希望看到一个什么样的你？

第四，此时的你有哪些吸引前任的价值，又存在哪些明显的性格缺陷？

第五，在没有前任的时间里，你该如何独立地经营好自己的生活？

所以，想明白了吗？你需要进行深刻的自我剖析，并且理性地想出解决对策。

前任是真的不爱你了吗？不，他爱的是当初那个活泼开朗或温柔懂事的你，而非现在这个作闹无度、患得患失的你。

你要成为一个崭新且独立的人，从而给他与你复合的理由和勇气。

他曾经真的很爱你，但爱怕了，自然就选择不再去爱了。

被你"作"跑的男生，其实很容易挽回。但挽回的要点，并不在于"你有多离不开他"，而在于你能不能过好自己的生活，同时学会照顾他的情绪。

他只有在你身上重新看到希望，才会愿意与你开启新的未来。

答应我，别再把他弄丢了，好吗？

## 第五章 挽回大师的十三项秘籍

明明恋爱时如胶似漆的两个人，为什么处久了会磕绊不断？

某网站对48 000对协议离婚案展开调查，结果显示，真正因感情彻底破裂而离婚的不到10%，而大多数人离婚只因为很小的一件事，比如男方嗜烟，女方不习惯；女方叨唠，男方受不了，等等。

离婚多数是因为小事，恋爱分手亦然。让人难受的往往不是远方的山，而是鞋里的沙。这就给了我们一个思路：倒掉鞋里的沙，去挽回对方！

## 挽回之前，先做好复盘这一步

相关调查数据显示，复合后的情侣中，只有10%能够走到最后。

之所以会出现这种情况，非常重要的一个原因就是，很多人挽回的出发点就错了。

挽回的目的，绝对不是简简单单地复原过去的感情，而是在之前感情的基础上去思考如何解决历史遗留问题，如何纠正原来的错误，以后如何做得更好。

而在实际的挽回过程中，很多人都没有意识到挽回背后更深层次的原因，这是因为他们没有做好一件非常重要的事情——复盘。

复盘的缺失，导致了我们在挽回过程中头痛医头、脚痛医脚，一直抓不到问题的本质。

为什么复盘如此重要？应该怎样做一个完整的复盘？相信本节会给你答案。

每当有人咨询我关于挽回的事宜，我都会不厌其烦地追问一件事："你为什么要挽回对方？"

大多数答案都是"我还爱着他呀""分手后我后悔了""我们之间有很多事情还没有做"。

但说一句很残忍的话，当你凭借着这种不甘、悔恨的心态想要复合，对方很可能不会答应，即使复合了，也不过是下一次分手的开端。

所以我从来不会第一时间教一个人挽回的技巧和话术，因为这样的方法治标不治本，靠感动强行挽回的爱情，无异于让两个人再次互相折磨。

正确的挽回心态是：我要挽回的并不是一个人，我不会因为你变得卑微和纠缠。从前我们做错的事情都过去了，彼此没有必要后悔。我真正要挽回的，是一段本可以更好的感情。

很多时候，你为什么会后悔？从表面上看，是你还喜欢着对方，还对前任恋恋不舍，但是实际上，要么是你在分手后没有找到一个更好的新伴侣，要么是忍受不了突然孤独的生活。

说白了，你挽回的目的只不过是"想和前任恢复到旧的生活"罢了，但是旧的生活早已千疮百孔，即使挽回了，又何谈未来呢？

所以我经常说一句话："谈恋爱靠的是感性，因为爱，才会照顾到对方的感受。而挽回靠的是理性，你要考虑到彼此能不能有一个更好的未来。"

举一个很简单的例子，你们之前是因为"异地问题"而选择分手，你仅仅因为后悔、对前任还有爱而想要复合，最后如你所愿，你花尽了心思，终于感动了对方。

但是复合之后，你们的"异地问题"仍然存在，彼此之间没有一个明确的异地恋终止日期，也看不到明确的未来，那么当下一次矛盾爆发的时候，你们依然会应接不暇、心力交瘁。

所以说，挽回这件事，你一定要动脑子，而不要感情用事。

因此，在挽回之前，你就应该明确这段关系的走向是什么，彼此又该如何化解之前存在的情感矛盾。你只有给予了对方期待感，对方才会愿意与你开启一段新的生活。

要明白一个道理：所谓挽回，不是拉着前任和你回到旧的生活，而是与他开启一段新的感情。

一个曾经深爱过你的人，为什么会和你分手？很残酷地说，是因为对方无法容忍你身上某种极端的性格缺陷。

这些性格缺陷，可能来自你原生家庭的创伤，也可能来自后天衍生出的暗黑人格，抑或是你长期抱持的一种消极态度。

这些根源性的东西，如果你没有办法改变，即使用了再大的气力去挽回，到最后也是在做无用功。

所以在做高难度的情感分析时，我常常会带着那些咨询者，先来完成一件事——复盘。

需要记住一点：复盘一定要在挽回行动开始之前进行。

我根据数万个真实的挽回案例，总结出以下几个复盘时必须问自己的问题。

- 我们到底因为什么分手，是因为一时情绪化的冲突，还是对方蓄谋已久的决定？
- 如何在未解决的问题中找到需求的平衡点，去创造一个崭新的恋爱氛围？
- 在以往的相处过程中，对方长时间无法容忍自己哪些性格缺陷？
- 导致分手的主观原因和现实的压力都有哪些？
- 彼此在矛盾冲突中是否存在金钱、储蓄观方面的冲突？
- 我们能不能坦诚地说出自己的情感需求(包括偏好需求和恐惧需求)？
- 彼此以后真的能够实现有效的沟通，并平等对待双方的想法和立场吗？
- 双方家庭对彼此的爱情存在偏见和误解吗？
- 双方身上是否存在极端的性格缺陷(例如出轨、家暴等)？
- 这个人真的值得你去挽回吗？

对于这十个问题，如果你能够反复思考清楚，找出彼此分手的真正内在动因，其实就已经成功一半了。

因为这十个问题能够清楚地告诉你，自己的性格缺陷在哪里，以及自己挽回的大方向又在哪里。

成年人的世界里，不能想做就做，而是在失败之后，让自己在下一次做得更好。

## 做好挽回的初期准备

分手初期,可以说是一个人在感情当中最难过、最崩溃的一个时间段。

如果想要挽回属于你的爱情,只有利用这段时间做好相应的准备,才能让后期的挽回计划顺利开展。

但现实情况是,不少人在分手之后一度颓废,对待工作失去耐心,对待社交失去动力,甚至连身材和外貌都开始走样……

想要明白为什么会出现这种情况,需要我们首先学会两个心理学理论。

第一个是滑坡效应:一旦一件事情发生了,那么所有与之关联的事件都会跟着发生,最终导致灾难性的后果。

第二个是滑坡谬误:只要你踏出了下坡的第一步,你就会不可控制地持续下滑,直至滑到坡底。

曾经有个男生来找我,说分手之后,感觉整个人都提不起精神,觉得自己十分的失败——工作上,新开展的项目没有动力去推进了;生活上,一切聚会都没有兴趣去参加了;感情上更不用说,原本各方面条件优异的他,现在竟然不敢和异性说话了。

这样的情况特别常见,感情上的挫折对他们造成了非常大的影响,以至于事业、生活等其他方面也呈现下滑态势。

当前任再见到这样的他时,只会冷冷地说一句:"看到你这个样子,真觉得我和你分手是正确的。"

前任的这种反应是人之常情,毕竟,我们在恋爱中,一定是觉得对方有魅力,有吸引力,而不是觉得对方令人同情。

所以,我们在挽回之前需要做好的准备就是,让自己成为更好的人。既给自己留有足够的体面,也为未来的挽回养足精力,调整好心态。

**1. 切断对方可能对你造成影响的渠道**

有一个女生分手之后一直走不出来,我告诉她:"你把所有与对方有关的东西都收起来,朋友圈也屏蔽对方的动态,不要去接收与对方有关的任何消息。如果有可能,你也可以去朋友家住几天,或者回父母家待一段时间,先切断和对方的联系渠道。"

因为与对方有关的物品和信息,都会让你不停地把生活和这个人捆绑在一起:晚上睡觉抱的娃娃是他送的,桌子上的花是他给你买的,这件衣服是第一次与他约会时穿过的……

这些事物作为媒介,会不停地拉着你回到过去的记忆中,让你越来越伤心,越来越难过,难以走出失恋的阴影。

所以,尽早切断影响渠道,能够将你的生活与他解绑,帮助你更好地建立独立的生活状态。

### 2. 保证足够的休息和睡眠

我也曾经历过分手初期的难熬时光，当时我帮助自己缓解情绪的方法是睡觉，连续睡了两天两夜。

这个方法真的很管用，因为睡眠对于我们来说，不仅是调节情绪的方式，也会让心理保护机制关闭。

心理保护机制是在心理受到伤害之后立刻开启的，它会把你的悲伤转化为愤怒和敌意，虽然这样你可能会感到好受一些，但是并不利于你做出正确的决策。

所以，当务之急是保证足够的睡眠，关闭心理保护机制，让自己的情绪平复下来，冷静地思考这段关系的未来走向。

### 3. 建立正向反馈的系统

要想避免自己因为失恋的打击而自暴自弃，有一点非常重要，就是重新为自己建立一套正向反馈系统，重新树立起自信，并激发自己的行动力，通过行动不断获得正向反馈，并在不断积累的正向反馈中对生活产生更多的热爱。

最好的反馈系统，应该是反馈快的系统，在这里我推荐的是健身运动、社交聚会，以及形象改造。

在健身房挥汗如雨之后，你能够很快地感觉到自己变得有活力了，也能看着体重一点点减少；和朋友聚会，一两个小时之内你就能感觉到心情愉悦；形象改造，或许通过买几件衣服、做个发型，你就能直观地感觉到自己外形的积极变化。

有人会在失恋后选择读书学习,这件事情看似十分积极向上,但其实并不适合在失恋后建立正向反馈系统。因为读书学习这件事,正向反馈时间过长,你可能要学习很久,而且这个过程相对枯燥,反而会让你半途而废,产生负向的反馈,导致自己更加不自信。

当然,我不是说你不需要读书学习,提升自己是分手之后十分重要的事情,但是并不适合在分手初期去做——刚分手时,就算让你抱着书啃,你也学不进去,对不对?

以上,就是分手初期为了有效挽回所需要做的准备工作。

希望你看完之后,能够清楚地认识到,分手之后应该做些什么来保持自己的价值,为后期的挽回做好准备。

## 找准挽回的最佳时机

我发现,很多人在分手之后,都愿意去网络上搜索"该如何挽回前任"。搜索结果十有八九都在跟你讲一个词——断联。

之后你信以为真,觉得自己好像找到了挽回的偏方,于是开始切断与前任的一切联系。说实话,很多前任不会像网上说的那样"产生危机感,被激发反复性情绪",反而会随着你的断联,开始认为"原来你也想要分手了"。等你缓过劲儿来,想要复联的时候,发现前任早已走出失恋的阴影,甚至开始准备进入新的恋情。

在这里,我很严肃地说一点:别做没有意义的断联,这样只会加剧你挽回的难度和时限。

你要记住以下三点。

第一,如果是假性分手,那么切勿主动做出断联行为。

第二,如果是一般的真性分手(例如异地、现实压力、性格冲突的原因导致的分手),那么下下策的断联时间是3~7天。

第三,如果是极端性的真性分手(例如出轨、冷暴力、肢体冲突的原因导致的分手),那么下下策的断联时间是7~21天,切勿超过21天。

至于为什么会有这样的时间限制,其实从心理学角度讲,主动分手方对于真性分手的遗忘曲线如图5-1所示。

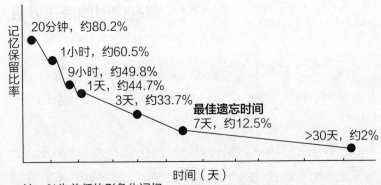

图5-1 真性分手遗忘时间节点变化图

从图中我们可以看出，多数挽回的黄金窗口期一般在3～21天之间；前任从第7天开始，对你的回忆和眷恋感开始逐渐下滑；而在30天以后，前任对你的感性记忆程度只有2%，甚至更低。因此，战线拖得越长，你挽回的成功率就越低。

但是现在的情感教育行业鱼龙混杂，很多所谓的"情感导师"不会解决情感问题，只是一味地告诉你"断联，提升自己"。

直到最后，前任对你已经彻底没有耐心和爱意了，你去质问那些"情感导师"怎么回事，他们只会敷衍地回答你："你做的自我提升还不够，前任当然不会回头！"

我告诉大家，断联并不是所谓的"灵丹妙药"，错过了挽回的黄金窗口期，那么你的成功率只会大打折扣。

同时，断联的目的并不是简单地让你不联系对方，而是缓解前任的抵触心理，降低前任在分手后对于感情的抵触机制。当对方能够理性地回顾感情时，你的复联才能实现效果最大化。

所以，你在分手后的3～21天内的所作所为，直接影响着你能否成功复合。这段时间是挽回的最佳时机。

## 挽回前任时，该怎样破冰聊天

常言道"万事开头难"，挽回前任也不例外，破冰聊天总是最困难的，不知道该怎么开口，也不知道该怎么打破彼此的尴尬。

所以这一节我们就来介绍一下，挽回前任时，怎样破冰聊天效果最好。

**1. 错误的开场聊天方式**

很多人在挽回的过程中，开场聊天方式是不对的，这会在很大程度上增加后期挽回的难度。

我们来看看错误的开场聊天方式有哪些，把这些错误方式规避掉，后面的聊天才会顺利。

(1) 开口必提复合

有些人在开始着手挽回前任的时候，每次聊天都要谈到复合的话题，让对方看出你有很强的目的性。

可能你认为目的明确并没有什么不好，我也明白你花了那么长时间去准备，就是为了实现"挽回对方"的目的。但是，在挽回初期，你就急不可待地表述这个想法，未免有些为时过早。

虽然你很清楚自己是诚心诚意的，愿意为了挽回对方而做出适当的改变；但是在对方看来，你不过就是一个消失了很久之后突然出现的前任，这个时候贸然提复合，自然会让对方觉得你难以信任。

(2) 频繁道歉

我知道你心有愧疚，也明白你一直对自己在过往感情中犯下的错误耿耿于怀。

但我想说的是，如果你在这个时候一直重复提及你在感情当中曾经犯下的错误，无疑是一次次地把对方拖回过往糟糕的回忆当中。

虽然你知道了自己的错误，但是表达一两次就足够了。对方已经给你重新联系的机会，你现在需要做的是抓住这个机会，好好表现，争取再次赢得对方的好感，而不是一次次旧事重提。

你改正错误的诚意，需要用行为来展示，而不是仅仅用嘴说。

(3) 无故中断联系

有些人在与前任破冰聊天后，并没有将联络持续下去，而是像"打游击"一样，隔三差五问一下对方的近况，表达一下关心，然后立马消失不见；过十天半月，再与对方联络一次，聊些不痛不痒的话题，然后再次消失……

这样的人往往十分胆小，他们害怕被对方拒绝，所以根本连自己的心意都不敢表达。

在这样的情况下，你给对方带来的只有困扰——对方似乎隐约能够感觉到你的意思，但是又不确定，所以会在相当长的一段时间内对你的行为感到特别迷惑。

以上就是与前任破冰聊天中需要避免的错误行为。

**2. 开场聊天中需要做到的事情**

在挽回前任的时候，开场聊天需要做到以下四点。

(1) 展示出你的实际变化

让对方意识到你已经与过去完全不同了，那些曾经导致你们分手的问题已经被你解决了。这样，可以在后期更容易说服对方与你复合。

(2) 表达自己对过往感情的歉意

表达自己的歉意，一两次就好，借此暗示对方，自己希望复合。

但是在这里需要特别注意一个细节：我们可以说"我意识到了我在过往的感情当中做错了，所以我要改"，但是绝对不能说"我为了挽回你，改成了这样"。因为你们分手之后，严格来说，对方和你已经没有任何关系了，所以在这个时候你如果为对方做出很大的改变，对于对方来说负担大过甜蜜，这反而会成为对方的一个心理负担。

(3) 聊聊对方的近况

问问对方最近在做些什么，借着这个话题引出自己真正想说的：我这段时间都做了什么。

就像上面谈到的，你如果真正意识到了自己的错误，不用反复道歉，只需要让对方知道你最近都做了什么，足矣。

(4) 恢复正常的聊天节奏

在这个时候，我们前期可以通过锁定"心锚"的方式来做一个铺垫，展开话题。

比如：

"我今天路过×××，想起之前你经常去那里，你最近去过吗？"

"我今天路过那个日料店了，想起我们之前经常一起去吃日料，你最近去过吗？"

"我今天路过会展中心了，发现他们在办漫展，你之前经常追番，现在还看吗？"

还是从日常的话题切入，但是这次我们用了一点小心机：把聊天的话题和过往的回忆进行绑定，不断地勾起对方对于过往感情的怀念，一点一点地让对方想起我们过往的感情。

等到这些话题铺垫得差不多了，就可以邀请对方出来见面了，然后在这个基础上逐渐恢复关系。

以上就是我们在挽回前任的时候，聊天破冰的正确方式。

## 关注感丧失导致的分手，该如何挽回

我们在谈恋爱的过程中，经常会看到这样一种现象：在交往初期，往往是男生给予女生非常多的关注，比如每天给女生买早点送到楼下，每天接送上下班，闲下来就发信息聊天，等等。但是随着交往时间的延长，这种关注行为就逐渐减少了。男生将更多的精力投入自己正常的工作生活中，曾经为了约会而推掉的应酬，为了陪女朋友而忘记去打的LOL(《英雄联盟》游戏)，都逐一捡了起来。这个时候，女生就会感觉男朋友忽然对自己冷淡了，不再像以前一样关心自己了。于是，很多分手也就在这个时候发生了。

这就是我们所说的，关注感丧失导致的分手。

曾经有一个男生，就是因为长期忽视女朋友的感受，导致被分手。我建议他，要想挽回前女友，最重要的就是弥补前任丧失的关注感。我们主要可以从以下几方面入手。

**1. 代入话题，扭转刻板印象**

对于前任关注感丧失导致的分手，在沟通时先扭转对方对你的刻板印象。

比如：前任的肠胃不太好，过去她胃疼的时候，男生总觉得无关紧要，没有做到及时关心。

那么，此刻就建议用关心引导的方式，重新进入对方的生活。例如发一条信息给对方："你的胃药落在我这里了。最近胃还疼吗？需不需要我把药寄给你？"

通过这种没有明显的目的性、攻击性的话题展开沟通，对方的排斥感就会很弱。另外，这样的开场白可以表明自己对前任的关心，一定程度上弥补了前任在过去感情中丧失的关注感。

这个时候，虽然对方可能不会表现出明显的热情，但是至少对男生的态度已经有了比较明显的缓和。

**2. 定位身份，有效沟通**

在这个时候，一定不要急于向对方表明想要复合的态度，而是要接受身份降级，以朋友的身份去接近对方，双方保持一个比较舒适的交往尺度，对方才会更愿意与你产生有效沟通，进而在下一步建立新的吸引力。

比如，几天之后女生发了一个"工作好累"的朋友圈，这是一个非常重要的信息点。我建议这个男生发起无目的性的邀约，去试探女生此时的心意。

"我家楼下新开了一家日本料理店，听说一男一女消费可以打八折。突然想起你喜欢吃三文鱼，我这里正好有张储值卡，要不要一起去？"

由于在此前的聊天中，前任已经看出了男生的改变，对于他的态度已经有所缓和，便欣然接受了他的邀约。

我告诉这个男生，吃饭的时候，可以聊一聊自己最近的生活情况，聊一聊自己最近有哪些新的感悟，但是千万不要提复合这件事。要让对方主动接纳你，避免对方产生"你以约饭的方式来逼迫复合"的想法。

**3. 引导付出，制造窗口期**

真正的挽回，不在于"你要表现得很好，让对方居高临下地做出选择"，而在于重新吸引前任，让她主动想要关注你的生活。

经过上一次的约会,两人的关系持续升温,顺理成章地进入了挽回暧昧期。

这个时候,就需要挽回一方敏锐洞察,制造窗口期,达到有效复合的目的。

在女生生日这天,男生成功约到了她。提前细心地安排好一天的行程,将以前被自己忽视的关注感,在这个时间节点上对女生进行了有效的弥补。

约会结束后,男生将女生送到了她家楼下。此时,女生对此次约会是意犹未尽的。男生看出了女生的不舍,巧妙地说出了这样一句话:

"我们抱一下,你再上楼吧。"

要明白,"抱"这个动作的界限感很模糊,它是介于朋友和恋人之间的一种亲密行为,女生对这个动作的抵触感比较低;再加上女生已经对男生产生了好感,便欣然地接受了男生的拥抱。

之后,男生对女生轻轻地说了一句:"抱完之后,你就再也不许离开我了哦!"

女生矜持又羞涩地说了一句"嗯",默认了这段关系的复合。

基于这个真实的案例,我们能够总结出一点:

复合成功的前提一定是你能有相应的改变和提升,能够满足前任的情感需求,对方才有理由、有勇气说服自己回头。

# 分手后，该如何利用断联挽回

事实上，"断联"就是个"心理战"，也就是"情绪控制"，或者说是"情绪表达的控制状态"。

分手后，被分手的一方非常容易产生情绪波动，因感情用事而做出一些过激行为，而这些行为，无疑会让对方对你产生更负面的印象，增加挽回的难度。

一般情况下，情侣只要是分手，无论之前爱或不爱，此时或多或少都会存在一些"负面印象"。

既然有负面印象，那么在真性分手的情况下，就最好做到"断联"，以便调整自己的心态，并给对方一些时间来反思这段感情。

但需要注意的是，并不是每一段感情结束之后都需要断联。至于是否需要断联，断联的时间和形式等，都需要结合具体情况进行判定，切不可随意套用别人的方式。

举例来说：两个人因为误会而赌气分手，都在等对方给自己台阶下。明明一直相爱，但是谁都不肯主动与对方联系，最后就这样错失时机。

像这种情况的分手，断联的时间就不宜太长，一个星期左右足矣。

如果实在放不下面子去联系对方，哪怕是在朋友圈点个赞，也比什么都不做要好。因为"点赞"属于一种"软性联系",因为你们之间没有真正意义上的"互动",没有真正的对话或碰触。而这种"软性联系"的行为,恰恰可以向对方传达一种友善的态度,也让彼此的心态发生一些改变。

原本关系亲密的情侣,面对突然发生的断联可能会感到不适应,这就需要从行为和心理两个方面去调整。

**1. 行为方面**

对于在情绪方面难以自控的人来说,总会忍不住去想念对方,主动联系对方。见不到面还好,一见面就彻底崩溃,抱着对方不想撒手。

这种做法非常容易让对方加深对你的负面印象,会大大增加后期的挽回工作的难度。

要想避免这种情况发生,就需要在行为上彻底断联,时间大概在一到两周。在这个时间段内,不要删除对方的任何一种联系方式,但是要做到不发信息,不打电话,不点赞,也没有采用其他任何方式间接地联系对方。

具体可以这样做。

第一,树立断联的阶段性目标。

比如,先尝试一个小时不联系,做到以后,将时间增加到一天、两天、三天……以此类推。

每达成一个"小目标",就适当给自己一些物质上或者精神上的奖励。

第二,只要想到对方,就把你当下的所思所想记录下来。

用写的方式是比较好的。因为找朋友倾诉的话，很难每时每刻都有朋友可以听你诉说自己的情感故事。而通过记录的方法，不仅可以抒发自己的情绪，而且写完以后，可能就没有那么想发信息给对方了。

**2. 心理方面**

用"自我暗示法"，让自己认清已经与前任分手的事实，而复合是开启两个人之间新的关系。现在这样负面情绪"爆棚"的自己，对方是不会喜欢的；只有自己内心自信、外在形象好、性格有魅力，才更容易再次吸引对方。

通过这种心理暗示，可以给自己多一点希望，而希望可以带给人力量，让你忍住不与对方联系，这样反而会让后期的挽回工作更容易开展。

## 分手多年，怎么挽回才不尴尬

曾经有一些咨询者跟我说，与前任分手已经两三年了，这段时间自己也尝试了和其他人交往，但是兜兜转转还是觉得前任是最适合自己的。想要挽回，却担心突然表白会被拒绝。

### 1. 挽回的阻碍

分手多年以后再去挽回前任，其难度是比较大的，具体障碍主要有以下三种。

(1) 对方已经在心理上接受了分手的事实

从心理学角度讲，悲伤的过程通常分为五个阶段。

第一阶段：否认、失落(denial)。

第二阶段：愤怒(anger)。

第三阶段：协商、迷茫(bargaining)。

第四阶段：绝望、消极(depression)。

第五阶段：接受(acceptance)。

也就是说，对方可能一开始还不愿意接受分手这件事，甚至过了一小段时间还会主动来找你复合。但是经过比较长的一段时间之后，对方逐渐接受了分手的事实。

这个时候，在对方的认识里你已经变成了一个陌生人，你和对方的生活已经不再有联系，对方的内心也不会因为你的出现而泛起任何涟漪。

我们在挽回当中，最怕的就是这样的情况。哪怕对方看到你就气得暴跳如雷都比这种情况好。因为只要对方有情绪波动，就说明心里还有你。但是如果对方对你感到无所谓，已经接受分手这个事实，就很难办了。

(2) 对方已经在生活上擦掉了你的印记

能让前任有动力复合的，往往是生活当中的"不习惯"。当前任找不到人说话，找不到人陪伴的时候，才会想着与你复合。

刚刚分手的时候,这种"不习惯"的感觉会非常强烈,但是随着时间的推移,对方已经渐渐适应了没有你的生活,甚至一个人活得有滋有味。

这个时候,前任对你没有任何需求,所以挽回的难度会特别大。

(3) 自身的心态与行为

按照常理来说,经过了分手之后的这段时间,既然对方已经渐渐接受了没有你的生活,那么你多半也应该适应这样的状态。

但是你到现在还没有走出来,说明你对这段感情抱有很深的执念,有可能做出不适当的行为。比如因情绪失控而不断骚扰对方,或因为过于思念对方而企图加速复合进程,等等。

这都将成为你挽回前任的巨大阻碍。

**2. 破除阻碍的方法**

要想破除上面提到的三个阻碍,可以采取以下几种方法。

(1) 请求第三方介入

请求第三方介入,也就是要找一个能够在对方面前帮你说话的人。最合适的人选是双方共同的朋友。

第三方能够帮助前任重新梳理对于你的记忆,让前任回想起关于你们两个人的过往。

第三方要做的事情并不多，只需要旁敲侧击地提醒对方："我今天碰到×××了，好久没见他了，他好像改变了不少呢！"

然后在平时的交往中，也有意无意地向对方提起："×××好像最近发展得不错，我感觉他整个人和过去比强多了……"

这样的方式，能够在不动声色的情况下引导前任对你进行关注，勾起前任对你的记忆。

这就可以了，第三方只不过是个引子，能够帮助你引起对方关于你的记忆。

(2) 循序渐进地接触对方，引发"多看效应"

在第三方帮助你铺垫两三次之后，你就可以开始重新联系前任了，在这之前你没必要登场。

联系前任的时候，我们遵循的原则是：先刷"存在感"，然后培养感情。

可以遵循这样的联系频率：刚开始每周一次，过一段时间之后保持每周三次，最后才发展成高频率的联系。

通过这样的联系，不是为了直接挽回对方，而是为了逐渐恢复前任与你的联系，唤醒前任对你的记忆，找回当初悸动的感觉。

对于聊天话题的选择，建议按照这样的步骤去推进：关注对方的生活—谈自己的变化—相互分享彼此的生活。

在这个过程当中，可以尝试着去邀约对方。不要指望一次邀约就能够让对方答应与你复合，我们的目的是让对方直观地看到你的变化,重新被你吸引。

邀约的方式很简单,在你们恢复联系一个月之后,和对方说:"好久没见了,正好我最近要去你附近办点事,方便出来见个面、聊聊天吗?"

邀请对方出来的时候,一定要注意尺度分寸。因为这个时候对方更多的是在观察你,有可能担心会被你纠缠。

(3) 破镜重圆的临门一脚

当对方愿意和你出来三次以上的时候,你就应该展开下一步行动了。

当然,这个时候最好先问对方一句:"你最近有开始新的感情吗?"或者可以问得委婉一些:"最近没有和男朋友一起出去玩吗?"

这种预设对方有男朋友的话术,能够很容易让她说出自己的实际情况,因为没有另一半的人,本能的反应就是:"我哪来的另一半?"

我的建议是,约会超过三次之后,你可以再邀约对方一次,比如一起吃晚餐,并在晚餐之后带着对方去看一场电影或者去一趟酒吧。与你约会三次以上的人,往往不会拒绝这样的邀约。

然后,在感性催化的基础上,和对方说以下这段话:

"相信你也能感觉到,分手之后我反思了很多,也改进了很多。我之前一直没有来找你,是因为我没有勇气。但我还是放不下你,还是忍不住和你联系,因为我过去做的很多事情现在想起来还心怀愧疚。我已经改变了很多。每当我想起自己本可以做得很好,但是却错过你的时候,我都十分伤心和难过。再给我一次机会吧,这次,我绝对不会搞砸的。"

基本上,你已经十拿九稳了。

你知道为什么吗?因为这段话中有以下几个隐藏的要素:

第一,对过往感情的反思和改进,并且对方已经在相处中明显感受到了你与以往的不同。

第二,对对方的思念和专一。

第三,利用蔡格尼克效应[①],引起对方遗憾和惋惜的情绪。

在这样的情绪催化下,对方基本上都会答应你的挽回。

因此,分手一年之后,依旧是可以挽回的,只不过切记四个大字:循序渐进。

挽回时,你一定要先勾起对方的回忆,让对方看到你的改变,这样才有胜算。

挽回并不是为了破镜重圆,而是为了让一个更好的你出现在对方的眼前,你们重新谈一次恋爱。

---

① 蔡格尼克效应是一种记忆效应,指人们对尚未处理完的事情,比已处理完的事情有更深刻的印象。

# 挽回成功必须经历的四个战略阶段

挽回中最重要的是什么？

是时机。

分过手的人一定很有感触：即使你后来再后悔，也一定会有一段时间十分感慨自己重获自由了，巴不得前任离你越远越好；但是也会有一段时间十分思念对方，恨不得只要对方打一个电话，你们就能重归于好。

每个人在分手之后都会经历几个情感阶段，每个阶段的特点和内心想法各有不同，挽回的难度也不同。

接下来，我们就解析一下分手后的各个情感阶段。

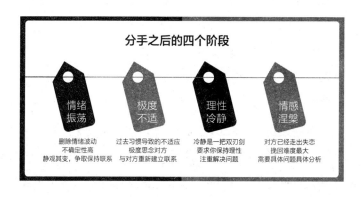

## 1. 情绪振荡阶段（分手一周）

【情绪敏感度】☆☆☆☆☆

【挽回难度】☆☆☆☆

【阶段关键词】大起大落，不确定性高，情绪激动

不管分手之后是痛哭流涕，还是大喜过望，甚至是怒发冲冠，我们每个人刚分手的时候情绪都是十分激动的。

在这个时候，我们往往摸不透对方的真正意思，因此一般不建议在这个阶段挽回对方。

因为不管是有利于还是不利于挽回的情绪，对以后感情的进展都绝对不是好事。

如果对方十分渴望你回来，越渴望，你回来以后就越会对你患得患失，敏感多疑；如果对方十分讨厌你，现在去挽回就会大幅度削减对方对你的好感度，让本来就没多少的好感度降到负数，甚至彻底拒绝与你来往。

因此，在这个阶段，我们只需要做到一件事：保证和对方还有交集，但不要做太多的事情引起对方的关注。

我建议所有分手的情侣，如果你心里还有一丝的舍不得，一定要在这个时候说明，两个人毕竟相爱一场，不要搞得老死不相往来，保留一个最基本的联系方式，保证不互相打扰。

如果你是主动提出分手的一方，那么通过这种方式可以争取到以后反悔的机会；如果你是被动分手的一方，此时对方心里会对你存有一些愧疚感，因此一般不会拒绝与你保持联系。

**2. 极度不适阶段（分手一个月）**

【情绪敏感度】☆☆☆

【挽回难度】☆

【阶段关键词】习惯，不适感，强烈思念

这是我们挽回成功率最高的一个阶段。很多咨询者请我帮忙挽回前任，一般也是在这个时候。

这是为什么呢？

因为在分手后的一个月左右，人们对于孤独寂寞的忍耐力往往达到了极限，对前任的思念也会达到一个前所未有的强度。

过去要吃饭、要看电影的时候，都有人陪着；现在本能地抄起手机却不知道应该打给谁。

以前想说什么随时都有人听，现在感觉自己有了小情绪却无处倾诉。

这样的苦恼和不习惯会带来强烈的思念，让彼此开始怀念起对方的好。

这个时候，作为主动挽回的一方，应该想办法进入对方的生活。

之前的那段时间，需要按兵不动，保持基本的存在感，最多在朋友圈点个赞；但是现在不一样了，应该去联系对方。

可以按照这样的步骤去和对方重新建立联系：

关心近况(至少两次)—和对方开启关于你的话题(至少两次)—尝试以朋友的身份邀请对方出来玩。

一开始你可能只是问对方"感觉你最近工作很忙啊"或者"我看你动态，最近打算考在职研究生吗"之类的问题，先试探着与对方开启聊天。

这样聊过两次以后,可以往更深的话题聊:"我今天刚刚经过一家特别好吃的餐厅,你可以去尝尝。"或者说:"我最近养了一只很可爱的小猫,给你看看。"

在这一阶段,我们就是要利用前任对孤独寂寞的不适感,让对方重新找回有人可以交流、有人惦念、有人陪伴的感觉,培养对方与你联络的习惯。然后让对方逐渐增加对你的好感度和好奇心,直到对方愿意出来与你约会见面。

### 3. 理性冷静阶段(分手一个月到三个月)

【情绪敏感度】☆☆☆

【挽回难度】☆☆☆

【阶段关键词】理智,冷静

理智、冷静并不是一件坏事,这最起码意味着对方已经能够理性地看待你们之间的关系,可以正视这段已经结束的感情。

如果你们当初分手是因为两人不成熟或者闹脾气,现在双方冷静下来,认真地谈一谈,对自己之前在感情中犯的错误做出检讨,成功率会比较高。

如果你们当初分手是客观原因导致的,比如异地恋、家庭条件差异、父母反对等,那么就需要切实解决导致你们分手的问题,给出解决方案,比如何时结束异地相处,如何说服父母,等等。

记住:在这一阶段,对方的状态是理性的,因此你也要保持理性。

如果你在这个时候还玩感性，还动不动带着哭腔骚扰对方说"我忘不了你，求求你给我一个机会"，则会引起对方反感。

**4. 情感涅槃阶段 ( 分手一年以上 )**

【情绪敏感度】☆

【挽回难度】☆☆☆☆☆

【阶段关键词】十分困难，无需求

在这个阶段，前任基本上已经走出了失恋的阴影，甚至已经开始了新的感情，这个时候挽回的难度是相当大的，因为对方已经不需要你了。

这个阶段能挽回成功吗？能，但是由于情况十分复杂，一定要具体问题具体分析，一对一地彻底解剖，因此没有办法给出一个普适的攻略。

后面我会附上一些关键阶段你们可能会用到的表达方式，让你们更加容易地与对方沟通。

# 前任不回你的消息，该怎么挽回

前任不回复消息的情况，很多人都曾经遇到过。其中大部分人在这个时候都会采用一个特别错误的做法，就是抱着"感动天，感动地，争取感动一下你"的思路，跟打卡上下班一样，每天定时给对方发消息。

这样的思路是完全错误的，再这样下去，估计马上就有被拉黑的风险了。

当我们遇到这种情况的时候，应该好好想想，在过往的感情当中，自己究竟做错了什么。

先说结论：很有可能你从一开始就做错了。

正常情况下，毕竟曾经交往过，毕竟相爱过，怎么可能说不联系就再也不联系呢？现实中，前任不联系你，往往事出有因。

**1. 发什么样的消息难以收到前任的回复**

分手之后重新联系前任这种情况是十分常见的，但是最终结果，有的人欢欢喜喜地与前任复合，有的人不知所措地被前任拉黑。

让前任选择不回复消息甚至做出拉黑行为的，往往是以下两种类型的信息。

(1) 单方面否认分手的现实

有的人明明已经被分手了，但是他们坚持着"只要我不承认，对方就还有可能回头"的信念，一举一动根本就不像是一个分手之后的人。

比如：他们还是会继续用短信、电话狂轰滥炸对方，还是会对对方进行无微不至的关心，还是像过去一样每日问候早安晚安。

这样的行为，只会让前任更加想要切断和你的联系，因为前任并不是不能接受你联系他，而是无法接受你这种我行我素的做事风格。

分手不需要两个人都同意，只要一方提出要求，这个关系就可以解除。

(2) 情绪化的表达

这样的情况一般可以分成两种：一种是表示自己离不开对方，一种是愤怒地对前任进行攻击。

"没有你我活不下去，我都不知道怎么和身边的朋友说，感觉你不在我身边的时候什么都没有了意义。"——你们之前在一起的时候，对方都已经觉得你不够好，要把你甩掉了，难不成你现在卖惨，能得到更好的结果吗？

"你就是个感情骗子！你从一开始就没想和我好好在一起，你就是在玩弄别人的感情，你去死吧！"——其实你之所以这么愤怒，说明你是在乎对方的，这又何苦呢？当你像一个情绪失控的疯子的时候，没有人敢靠近你，你的下场就是被迅速拉黑。

**2. 前任不回复消息的正确破局方式**

如果你发出消息，对方却不回复你，你就不要继续狂轰滥炸了。因为既然对方不想回复你，你发再多消息也没有用。

你现在最需要做的，是改变你在对方心中的印象，从根本入手，等对方对你印象好转了，再去创造聊天的机会。

**(1) 重新建设社交形象**

对于一个不愿与你联系的前任，要想让对方改变对你印象，最好的方式就是从朋友圈入手，在朋友圈中树立一个美好的、积极的新形象。

不要担心对方是否屏蔽了你的朋友圈。根据我多年从事情感咨询行业的经验，即使分手以后对方屏蔽了你的朋友圈，也会时常悄悄去你的主页查看你的动态。

因此，你依然有机会让对方看到你的新形象，通过二次吸引，让对方对你的态度有所转变。

在社交平台重新建设自己的形象，需要传递这样一个信息："分手以后，我开始了新的生活，不再是以前那个没有你就活不下去的人了。"

不管是新的爱好、新的成绩，还是积极的生活态度，都可以展示出来，给对方释放一个这样的信号。

相信我，相较于那个分手后惨兮兮的人，对方更愿意去找一个独立的、开朗的、生活多姿多彩的人。

**(2) 冷处理一段时间再重新联系对方**

冷处理的时间，至少要在一个月左右。因为只有时间足够长，才能冲淡对方对你的负面印象，并让对方通过你在社交平台发布的动态，看到你的转变。

曾经有一个学员，对前男友死缠烂打了很长时间，被我强制要求冷处理了两个月，然后我给她编辑了这样一段话，让她发给她的前男友：

"实在不好意思，打扰你了。我刚分手的那段时间情绪十分不稳定，给你的生活造成了很大的困扰，我为我的行为道歉。在过去的感情当中，我也很多次表现得十分孩子气，不成熟，经常用'作'的方式来引起你的注意。我现在认真检讨了自己，对于给你带来的这么多的负面影响，我深感抱歉。我已经开始努力改变我自己了，换了新的生活环境。我并不奢求你的原谅，只是想对你说，如果以后大家还能正常相处，甚至做朋友，有需要的地方我一定尽力。"

这段话传递了三个信息：

第一，对此前的不适当行为诚挚道歉。

第二，对过往的恋情认真反思。

第三，告诉对方，自己已经开始了新的生活。

当对方接收到你传递的信息，再加上这段时间通过社交平台看到你的变化，态度往往会有所缓和。就像我那个学员，破天荒地收到了一年来前任发来的第一条信息："没事的，我过去也有做的不好的地方，大家以后都好好生活吧，加油。"

### 3. 找前任聊天的正确方式

**(1) 选择适当的聊天时机**

我们一般建议在分手半个月或者一个月左右的时候与对方恢复联系，因为这个时候对方一般还没有完全接受分手这件事，会出现很多不适应单身生活的状况。

这个时候，对方对你是有需求的，只要你别表现得太奇怪,对方多半不会反感和你说几句话。

(2) 选择合适的话题

对于聊天话题的选择,我建议循序渐进,适当引导对方回忆两人曾经的恋爱时光。

比如:

"我刚刚路过那个会展中心,发现今年又要开漫展了,好像还有不少网红要来,你今年还会看漫展吗?"

"我记得之前我们一起去吃过一家特别好吃的日料,就在一个地铁站旁边,你还记得叫什么吗?"

"刚刚我路过学校,发现计算机二级又开始考试了,你今年报名了吗?"

要像上面那样,先说事情,然后询问对方现在的生活,聊得好了,再开始分享自己的近况。

(3) 把握聊天的频率

对于聊天的频率,建议采用"间歇性强化"。

我们常见的聊天方式是:尝试聊天——对方反馈好——持续聊天。

但是这样的方式让对方有了预期,对你没有情绪波动。

最好的方式是间歇性强化,隔三差五聊一聊,今天聊两句,明天聊五句,后天聊半小时,但是大后天可能不联系……

这样的聊天方式,对方可能吃不准你到底有没有兴趣,反而会对你更加关注。

以上,就是有效应对前任不回复消息的方式。

还是那句话：毕竟曾经交往过，怎么会说不喜欢就不喜欢，说不聊就再也不说话呢？

出现这个情况，一定是你自己做错了什么，好好反思改进，一切还来得及。

## 挽回对方时该不该送礼物

在众多的挽回案例中，我几乎什么样的情况都见识过。这自然也包括一种人，那就是不差钱的"土豪"们。

最夸张的是，曾经有一位男生，为了挽回自己的前女友，居然在前女友的公司附近买了一套复式公寓送给对方。

虽然下了这么重的血本，但是他的前女友并没有同意与他复合，甚至警告他，要是再骚扰自己，就要彻底拉黑他。

在挽回对方时，我们究竟要不要给对方送礼物呢？我们在前任身上花钱究竟能不能起到我们想要的效果呢？

我的回答是：不到基本确定可以挽回对方的时候，不到只差一步就可以复合的时候，绝对不要送礼物。

很多人可能会有这样的想法：我给前任送礼物，是为了增加好感度；送礼物是一种表明诚意的方式；前任总是说我对其不关心，送礼物不就是做出了实际行动吗？

虽然你是一片好心，但遗憾的是，你如果真的这么做了，会铸成大错：如果你认为在挽回前任时，需要靠送礼物来增进感情,往小了说,是不懂挽回,往大了说,是不懂人心。

你可能到现在都没有真正理解,我们在挽回过程中的所作所为,作用到底是什么。

我们在挽回当中,一切举动的最终目的,都是实现这样一句话:增加对方对挽回的正面情绪,消解对方在挽回过程中出现的不利于挽回的负面情绪。

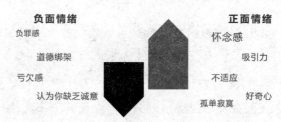

挽回当中的正负情绪

负面情绪:负罪感、道德绑架、亏欠感、认为你缺乏诚意

正面情绪:怀念感、吸引力、不适应、孤单寂寞、好奇心

在挽回当中,可能推动前任想要和你复合,或者形成对你的思念情绪,叫作正面情绪;让对方进一步想要疏远你、回避你的,称为负面情绪。

我们改变形象,提升自己,展示自己改变之后的价值,就是为了能够提升自己的吸引力,引发对方对我们的好奇心:这个人怎么改变了这么多?对方发生了什么?

我们挽回的时候,往往会先冷处理一个星期,等到对方情绪稳定后再去挽回。

这是因为,我们要等到对方真正平静下来,意识到自己不习惯一个人过日子的时候,我们再出现,这样才有意义。

我们会在挽回当中有意无意地说一些过去相处的细节,分享一些过去在一起经常听的歌,去过的地方——我们利用这些"心锚",就是为了让前任更多地想起我们,怀念我们的过往。

也就是说，我们之前常见的一些挽回方式，都是让对方产生一些情绪，而这些情绪恰恰能够推动前任靠近你，并渐渐地接受你。

而你只要送了礼物，前任对你的负面情绪就会开始滋生。此时对方心中产生的情绪，没有一个是有利于你挽回的。

为什么送个礼物，还能送出错来呢？

我们来看看，当对方收到礼物的时候，最可能产生的想法有哪些。

### 对方可能会有的想法

| | |
|---|---|
| 负罪感 | 我还不知道能不能和他重归于好，现在收礼物，会不会给他不该有的希望？ |
| 内疚感 | 分手之后，他还想着我，和我在一起的时候为什么不好好珍惜？ |
| 没诚意 | 什么意思？你曾经对我做过的事情，用几个礼物就能摆平？ |
| 道德绑架 | 我是不会收这个礼物的，你的意思不就是"收了礼就代表原谅"吗？ |

你可能会觉得：我的天哪，这个人怎么这么多内心戏，我只是送个礼物，想打破僵局而已。

的确，如果你平时送礼物，对方这么想的确很过分。但是你要知道，此一时彼一时，分手之后，对于"前任主动找自己"这件事，所有人都是敏感多疑的，所以对方心中绝对会有戒备。

而分手之后，很多人追求的都是一个"互不亏欠，互不打扰"的相处模式，你的这个礼物一出手，直接就破坏了对方心中所想的相处模式，对方要么会直接拒绝，要么会满腹疑虑地收下。

礼物这种东西，对于关系亲密的人来说，是一个心意；而对于外人来说，就是一个人情。

很不幸，你们现在对于彼此都是"外人"，而你的前任最不想欠的，就是你的人情。

所以就像我说的，除非已经十拿九稳，你们复合就差一句话、一场约会的时候，你都不该去送礼物。

挽回当中，对方真正的需求其实只有三个：一是你变得更好、更优秀了，值得对方重新和你在一起；二是你真的意识到了自己的错误，并且做出了积极的改变；三是你们在一起不会重蹈覆辙。

这三个核心诉求，没有一个是靠送礼物做到的。

你变得更好、更优秀，需要你在朋友圈频繁地刷存在感，需要让你的前任一点点看到你的改变和提升。只有这样，对方才会愿意考虑与你复合。

在重新交流的过程中，对方看到了你确实针对你们之前交往中存在的问题进行了认真的反思，变得成熟，才会觉得你是真的用心了，而不是在敷衍。

过去导致你们分手的客观问题被解决了，你在和对方相处的时候带给其不一样的体验。现在，对方是在和一个全新的你交往，并且相信你们在一起不会重蹈覆辙。

这些事情需要你去经营，比如：经常在朋友圈展示你的动态，循序渐进地影响对方；在与对方接触的过程中不断地展现自己，这不是靠一个礼物能解决的。

所以，在挽回的时候，你不仅没有必要送礼物，甚至千万送不得礼物——因为这个表达善意的举动，可能会使你之前的努力付之东流。

## 父母反对的感情如何挽回

挽回之所以是一个复杂的工程，是因为在挽回的过程中我们要处理与前任相关的各种关系。在这众多的关系当中，自然包括一个超高难度的关卡——家长。

纵使对方与你的感情再好，只要对方的家长开口说了"不"，对方只怕也要犹豫半天。

下面介绍的这套专门方法可用于挽回家长反对的感情。按照这样的方法去做，我们基本上能够战胜拦在我们感情路上的"家长大魔王"。

本节包含三个模块，下面我们逐一进行讲解。

**1. 明确家长反对的原因**

一般情况下，家长的反对分为两种：一种是通过具体条件得出反对的结果，一种是拿着反对的结果去找条件。

什么意思呢?

就好像你去面试的时候,面试官是否拒绝你,很多情况下会受到主观因素的影响——你面试的时候表现不好固然是一个方面,还有一种情况是面试官一开始就决定不录用你,然后开始给你"找茬"。

这样的情况有很多,比如有的用人单位一开始就不想招女生,那么面对女性面试者的时候,面试官往往会挖空心思挑毛病,然而挑出来的毛病都不是硬伤——本来英语过了四级、六级就行,但是对你的要求就是雅思6.0分;本来对学习成绩没有什么要求,但是对你就要求连续四年拿一等奖学金……

同样,家长反对你们交往也可能是这样。你可能一开始留给他们的印象就不好,所以他们就先在心中给你投了否定票,然后便在其他方面慢慢找茬;或者他们拒绝你有别的原因,但是他们不方便说出口,只能抛出一些看似冠冕堂皇的理由。

我有一位朋友,与前任的恋情因为对方父母的反对而"告吹",原因是:我的朋友具有211院校的硕士学历,但是对方父母希望找一个985院校的硕士做女婿。

两人分手后,没多久前任就嫁给了一个只有大学本科学历的男生,仔细询问才得知,原来前任的父母是做生意的,他们早就看中了一个合作伙伴家的儿子,想要实现商业联姻。而所谓的"985院校的硕士"只不过是一个借口。如果我的朋友真的是"985院校的硕士",那么他们拒绝的理由可能就会变成"985院校的博士"。

应该如何探寻对方父母反对你们交往的真正原因呢？

这就需要拜托你的另一半，再单独和父母聊一次，不要吵架，不要为你辩护，真诚地聊聊父母拒绝你的理由是什么。

知道了对方父母反对的真正原因，再制订挽回计划。

**2. 明确另一半配合的意愿**

在这种情况下，最重要的一件事就是看你的另一半是否愿意全力配合。如果他愿意全力配合，那么你的挽回工作就会进展得特别快。

我们所说的"另一半配合"，并不是要他去跟父母据理力争，甚至因为你和父母吵架、对抗，这样做只会适得其反。因为这样会让对方的父母认为是你在一边煽风点火，对你会更加反感，进而坚定拆散你们的决心。

正确的配合应该是，让家长觉得，在自家孩子选择未来伴侣这件事上，你是一个最优选项。

而且在这个时候，适当地配合家长做一些让步并不是不可以，一上来就跟家长对着干，只会遭到更强烈的打击和反对。

如果对方家长不中意你，那么完全可以适当地顺着他们的意思，让你的伴侣去见几个相亲对象，或者减少和你见面的频率。

我之前帮助一个女生挽回的时候，她的男朋友就帮了大忙。

她的男朋友假装听话地去见了三个相亲对象,回家之后有理有据地说出了她们与自己不合适的地方,而且只字不提前任女友。父母一看,相亲对象与自家孩子的确不合适,而不是孩子无端拒绝,这件事就搁置了,也没有再逼着男生找新人。

让对方的父母改变对你的印象,这一过程可能比较漫长,这件事情如果得不到你的另一半的全力配合,你以一己之力对抗他们整个家庭,会十分困难。

**3. 具体的挽回措施**

在这里,我介绍几个特别好用的方法,都是从以往成功案例中总结出的经验。按照这样的方法去补救,对方家长90%都会对你的态度有所改变。

(1) 包装你的背景

一般情况下,对方家长评估你和他们的孩子是否合适,说白了都绕不开一件事——你对他们的孩子是否"有用"。

有的人非常实在,一谈到自己的家庭,就说是普通家庭;一说到自己,就说没什么独特的……

要记住,对方的家长就相当于你们找工作时的面试官,你们不可以撒谎,但是能优化自己的方面一定要优化。

比如你虽然学历不高,但是可以优化成"正在备考在职研究生";你可能只是一个国企普通员工,但是可以优化成"大型国企储备干部";你的家庭可能很普通,但是谁家还没有几个有头有脸的亲戚，完全可以优化成"某老板的侄子"或者"某总的外甥女"……

这些信息，都要靠你的另一半传递给家里人，让对方父母对你的印象有所改变。

包装是什么？包装就是"有选择地说真话"。

你当初是怎么面试的，现在就怎么包装自己的背景。

(2) 将对方的良好改变归功于你

还是那句话，对方的家长找一个女婿或者儿媳妇，肯定是希望这个人能对自己的孩子有用，能够照顾好自己的孩子。

这个时候，就需要你的另一半出面来帮助你做好展示了。最好的方式就是：让你的另一半展示出一些积极的变化，然后归因到你的身上。

比如曾经抽烟的儿子突然不抽烟了，一问是你帮着他戒的；比如曾经"月光"的姑娘现在突然会理财了，一问是你帮助她规划的；比如曾经回家当甩手掌柜的小子突然开始对父母嘘寒问暖了，一问是你调教的……

对方父母的反应肯定是：哎哟，没看出来啊，我们多少年都没治好的这个家伙，在你的督促下越来越像样了。

你说对方的父母会不会对你的印象有所好转？

肯定会。因为谁都希望自己的孩子好，甚至希望有个人能够"收拾得了"自己的孩子，让自己的孩子成熟一点，懂事一点。

(3) 利用镜像投射

没有人会拒绝一个"年轻的自己",因为几乎所有人都会对像自己的人有好感。

而且这件事情在妈妈们的身上表现得更加明显,几乎每一个妈妈都会拿儿媳妇和年轻时的自己做比较,口头禅就是:"我年轻的时候啊,不知道比她强到哪里去了,现在的小姑娘啊……"

所以,如果你是男生,就模仿女朋友的父亲;如果你是女生,可以模仿男朋友的母亲。

不管是穿衣风格,还是说话的神态语气,抑或是对于一些问题的处理方式。这些事情都需要你的另一半帮你调查清楚,然后你去模仿。

之前我帮助一个学员挽回的时候,他女朋友的爸爸原本十分反对他们在一起,但是第二次见面之后,喝了点酒,就开始拉着他的手说,这个小子简直就是年轻时的自己。

"挺好的,挺好的。"

"哎呀,挺合适的,慢慢来嘛!你就和我当初一样,你看我现在不是要什么有什么?都会有的!"

应对家长反对的恋情,最重要的就是先明确对方反对的真实原因,拉拢到靠谱的"队友",最后一步步地逆转对方家庭对你的态度。

不要不好意思,该用套路就用套路。守护自己的感情,该有的手腕必须有。

## 如何挽回已经有新欢的前任

之前有一个咨询者和我说,她想挽回已经开始了新恋情的前男友。

我刚刚听到这个需求的时候,是想直接拒绝的。因为在我看来,这其实就是在破坏别人的感情,是在"挖墙脚"。

但是她接下来说的一句话让我止住了这个想法:"我们分手一个月左右,他就'脱单'了,我看到他发的动态,我的心里十分难过。"

当我们看到类似问题的时候,的确在第一时间都会想:破坏别人的感情不好。可是我们有没有想过,或许对方新恋情建立的基础是不健康的;或许对方其实一直都放不下我们,等着我们去挽回。

为什么前任明明已经开始了新恋情,却还会想着让你去挽回对方?

接下来,我就告诉你答案。

这个问题我们要详细说一下,其中最关键的问题就在于:你的前任是花了多长时间找到新欢的。

有人可能会问:"时间很重要吗?"

是的,非常重要。

如果是在分手半个月之内开始新恋情,那么很大概率上是"小三"上位,这种情况下挽回的成功率是最低的。

如果是在分手一个月左右开始新恋情，那么大多是因为前任想要走出失恋的阴影，寻找一个替代品，这种情况下挽回的成功率比较高。

如果是在分手两个月以上开始新恋情，那么基本可以判定对方是在认真地开始一段新的恋爱关系，这种情况下挽回的成功率会是比较低的。

当然，这只是一个大方向上的概括，未必每个人的情况都符合这个时间段的划分，只作为参考就可以。

分手后，对方开始的新恋情属于哪一种，直接关系到你是否有必要挽回，选择什么样的挽回方式，以及挽回的成功率有多大。

我们在前面的章节中讲过，分手之后无缝衔接的人，往往在分手之前就已经和别人暗度陈仓。这样的人不值得你去挽回，你也根本挽回不了。

说完了概率最低的情况，那么接下来我们再说概率比较低的情况：前任在分手两个月之后走出这段感情，然后找了下一任。这个情况其实都不算挽回了，而是属于你去撬别人的男朋友。

很多人一说到挽回前任，想到的都是"我和前任有感情基础"。

话虽然没错，但是你和前任之间的情感交流显然是失败的。前任对你有感情，但是你确定是好感而不是反感吗？

而且我们再细想一件事：如果前任与你是初恋，那么情况还算简单；如果你的前任不是初恋，那么会不会你们复合之后，他的前前女友来找他，他也有可能与前前女友复合？他能背叛新女友，与你复合；难道就不会背叛你，与他的前前女友复合？

所以说，这两个问题的答案是：第一，你们之间有感情，但是这个感情未必有利于你去挽回；第二，前任不值得你去挽回，因为你挽回的是一个感情上的叛徒。

那么，在什么情况下，已经有新欢的前任才是值得我们挽回的呢？

答案是：前任在与你分手一个月左右的时候，开始了新恋情。

我在工作中遇到过不少这样的人：他们分手之后忘不掉前任，于是快速地让自己进入下一段感情，试图通过新欢来忘记旧爱。

新欢的作用只有一个，就是不停地证明旧爱有多么难忘。

只要对方和现任相处的过程中出现一点不开心的、不如意的事情，就会忍不住怀念起前任。

所以，在这种情况下，我们可以挽回有新欢的前任。

此时，你要做的事情其实很简单，三步足矣。

第一，不主动联系前任，但是持续保持存在感。

第二，展示自己积极的变化，暗示过往的问题已经得到了解决。

第三，在前任主动联系你的时候，向前任展示你对未来的规划。

比如，你不主动联系前任，但是你在朋友圈中展示出自己积极的变化：最近在积极地学习、健身，最近工作上取得了不小的成绩，自己在努力存钱理财，等等。

这样的动态，不需要发布太多，但是需要持续更新，潜移默化地告诉前任——我和过去不一样了。

这个时候，前任本来就放不下你，看到你的改变之后，会更加觉得你有吸引力。然后再看看自己的现任，越看越觉得不如你好。

这个时候，前任自然会来接触你，不管是放不下过去的感情，还是对你的改变感到好奇。而在这个时候，你就要让对方彻底放下最后的顾虑：我和你复合之后，你会不会重蹈覆辙？

你要做的就是，基于你的改变，告诉对方：我是不会重蹈覆辙的，我会做得更好。你看，原来我有那么多的问题，我都意识到了，而且我都做出了积极的改变和调整，我和过去不一样了。

在这样的对比之下，前任自然会忍不住放下对你的防备。本来对方就没有办法忘记你，现在你不仅还在等他/她，而且变得更好了，对方当然会想要与你复合。

所以，前任有新欢是可以挽回的，重点只在于一个问题：当对方有了新欢之后，究竟有没有放下你这个旧爱。

# 失恋挽回定制攻略：
# 根据伴侣人格特质制订特殊挽回计划

从心理学角度讲，感情当中的人格一般可以分为三种——施与者、接受者、自由者，不同人格适用于不同的挽回方式。

我们在挽回前任的时候，需要根据对方的人格属性，有针对性地采取适当的方式，让对方在心理上重新接受我们，从而完成挽回计划。

**1. 三种人格的不同特性**

我们先来对这三种人格进行详细解读，希望大家不仅能够了解想挽回对象的人格属性是怎样的，也能了解自己属于什么样的人格。

(1) 施与者

施与者在感情当中，是特别喜欢牺牲和奉献的。他们特别喜欢照顾别人，也特别喜欢那种"被别人需要"的感觉。

我举一个例子：男方是一个"富二代"，家里十分有钱，而且他自己也做生意，为人特别豪爽。他喜欢上了一个普通人家的姑娘，于是，又是给对方送礼物，又是给对方打生活费，甚至还给对方介绍工作。

按理来说，这样的人在感情当中是有绝对控制权的，毕竟对方的一切都是他给的，他的底气应该十分足。

但实际上，他在这段关系当中一直都是缩手缩脚的，特别害怕被对方拒绝。而且当那个女生辞去他介绍的工作，跳槽到更大的公司时，他感觉十分受伤，心里憋屈了好几天。

因为施与者在感情中享受的是"被别人需要"的感觉，一旦对方传递出不需要他的信号，或者当施与者感觉没有他的存在，对方也能过得很好时，那么施与者就会感觉受到伤害。

施与者的座右铭是：让我来照顾你吧，你需要我。只有照顾你，我才感觉我的存在具有价值。

(2) 接受者

接受者是正好反过来的：他们在感情当中，特别需要别人的示好和付出。

相信在恋爱当中，大家见过的接受者并不少。我们说一个最常见的例子：在恋爱当中特别"作"的人，往往都是接受者。

他们知道自己不对，甚至清楚地知道这样做会伤害对方的感情，但是他们控制不住自己，需要不停地去检验对方喜不喜欢自己，需要对方在感情当中的证明和承诺，如此方能让自己感到安心。

我的一个朋友就是这样，她是一个特别看重纪念日的人，大大小小的节日都一定要过，收到的礼物即使是一条头绳或者一个发卡,也能让她特别开心。

而且对于收到的礼物,她会特别用心地保存好——对于她来说,必须经常感受到别人的爱,她才会快乐。

接受者往往在成长过程中留下过一些阴影,他们自身有着很强烈的不安全感,所以他们特别渴望别人的示意,特别需要别人的付出。对于这种人格的人来说,爱他们一定要说出来,做出来。

接受者的座右铭是:你爱我吗?你真的爱我吗?做给我看,说给我听。

(3) 自由者

自由者的感情生活,永远是无拘无束的。

他们不太想当一个操心的老妈子,不是不关心,也不是不在乎,而是他们根本想不到那个方面去;他们也不会对另一半有什么要求,因为他们觉得可以自给自足。

自由者是最讨厌束缚的人,他们不愿意任劳任怨地为别人付出,也不愿意接受对方太多的人情。他们找对象的态度特别简单——你喜欢我,我喜欢你,我们开开心心地在一起就好了。

自由者懒得去为别人做太多的改变,也不愿意接受别人太大的恩情。

自由者的座右铭是:你别改变我,我也不改变你,我们两个人开开心心地在一起就挺好。

## 2. 三种人格的不同表达方式

我们以异地恋为例，对于这件事，这三种人格的表达方式就完全不一样。

施与者会说："我去你所在的城市照顾你吧，我不能想象我不在你身边的生活。"

接受者会说："我希望你来我所在的城市，这样我才能感觉到安心。"

自由者会说："如果我真的不想去你那里，而你来我这里也有困难，那我们分手好了。"

读到这里，想必你也知道哪两种人适合在一起，哪两种人在一起是个灾难了。

施与者和接受者最适合在一起，自由者最适合和自由者在一起。

无论是施与者还是接受者，和自由者在一起的时候，都会出现很大的矛盾。

- 施与者会觉得自由者不需要自己，感觉不到自己在这段关系中的价值和存在感。
- 自由者讨厌施与者总是一副高高在上的样子，好像自己什么都欠对方的；会觉得接受者不成熟，太孩子气，太多事。
- 接受者会埋怨自由者不够爱自己，不愿意为自己付出，根本不在乎自己。

## 3. 用不同方法挽回不同人格的前任

通过前面的分析我们已经知道，三种人格在感情当中有不同的表现和诉求。因此，我们在挽回的过程中，也要针对对方的人格特性，采取不同的挽回方法。

(1) 挽回施与者

在挽回施与者时，我们需要给对方一个实现自己价值的机会，让对方知道，我们不能没有对方，要让对方找到自己在这段关系中的价值。

曾经有一位女生来找我咨询如何挽回前男友。

这位女生和她的前男友是大学同学，毕业之后两个人又继续交往了两年。

女生性格比较独立上进，而且一直专注于工作。

男生经常想照顾女生，但是女生由于一直想证明自己，反而会觉得男生在相处过程中有些婆婆妈妈；再加上忙于工作，便冷落了男生。

最后，男生提出了分手，理由是女生根本不爱自己。既然女生心里只有工作，那就各走各的路，也不耽误女生的发展了。

我问女生："为什么你现在又想要挽回对方了，之前不是觉得对方婆婆妈妈的吗？"

女生说，之前是因为自己太不懂事，总是觉得事业和爱情不能兼顾，但是直到取得一些工作成绩之后才突然发现，自己并不开心，没有人能和自己分享这一切。

虽然我们一直都在追求独立，但是我们内心总有脆弱的时候。

如果另一半是个施与者，刚开始的时候你可能真的觉得这个人总是婆婆妈妈，而且有的时候会觉得这个人对你太好了，反而会有心理压力。但是时过境迁，也的确有很多人会怀念施与者在感情当中的付出，以及对方对自己的关心和照顾。

男生离开女生，是因为女生太过独立，导致他在感情当中找不到自己存在的意义。而且女生一开始忙于工作的时候，也确实忽略了男生的一片好意。

那么，应对这种情况，我们常见的方式就是展示自己的脆弱面。

虽然很多挽回课程告诉你不要去卖惨，但是对于施与者来说，你不卖惨反而会把他们推开。因为施与者会觉得你没有对方照样过得很好，为什么还要去打扰你？

因此，你在施与者面前要学会展示自己的脆弱面，这样才会让他认为和你在一起是有意义的，有价值的。

在我的授意下，女生开始在朋友圈发一些仅前男友可见的动态，展现出了自己的迷茫和焦虑。

果不其然，男生注意到了这样的状态，有一天主动问女生最近是不是有什么烦心事。

借着这个机会，女生第一次在相处当中放下了自己"女强人"的姿态，向男生打开了自己的内心，把自己的迷茫和委屈讲给男生听，也表达了自己的后悔之情。

男生多少有些触动，但是并没有立刻提出复合，只是说，以后女生就是自己的妹妹，有什么事情尽管来找他。

借着这个机会，我指引女生在以后的相处过程中，隔三差五地去找男生帮忙和聊天，即使有的时候她并不需要帮助。

男生总是很乐意解决她的问题，并且女生在接受帮助之后，也开始表达对男生的赞美和肯定。

男生开玩笑说，女生这种小女人的样子他还是第一次见到。

后来，在两人分手两周年之际，女生约男生出来吃了一次饭，动情地告诉男生，她发现自己的生活当中不能没有他，自己没有想象的那么坚强；没有男生在身边的日子里，再也没有人能够像男生这样照顾和关心自己。

对于施与者来说，这样的话十分动人，而且也给了他们足够的价值感和幸福感——他们意识到他们的存在真的会给别人带来积极的影响，找到了自己在这段关系当中的价值。

男生当天晚上就答应了女生复合的要求，而且也很真诚地对女生说出了自己的心里话："我很开心你能这么看我，你的这些话，让我感觉到我是一个有价值的人。"

(2) 挽回接受者

在挽回接受者时，我们要给对方足够的安全感，让对方坚定地相信自己是被爱着的，我们心里一直想着对方。

我曾经指导过一位男生挽回他的前女友。

这位男生与他的前女友是异地恋，女生在河北，男生在北京。

虽然两个人交往之初说过要解决异地问题，但是在相处过程中男生渐渐忘记了这件事。

恋爱三年之后，女生提出分手，理由是男生根本不在乎自己，男生的规划当中没有自己；而且异地恋那么长时间，男生看自己的次数越来越少，感觉两个人已经没有了感情。

接受者是十分没有安全感的，对于他们来说，如果感觉到你的人生规划中没有把他们，他们就会十分恐慌。

在挽回这个女生的时候，我们将关注的重点放在了解决问题上。

对于这位女生来说，提出分手的主要原因有两个：一是感觉异地的问题无法解决；二是感觉男生对自己根本就不在乎。

因此，在我的建议下，男生一直与女生保持着联系，并且开始积极地在北京帮女生找工作。

当工作问题有了一些眉目之后，男生开始在聊天过程中表达对女生的在意和关心。比如：女生喜欢的电影上映了，让女生赶紧去看；之前女生一直说想要买的一个限量款，男生帮助她找到了出售的店家……

在这些小事上的关心，让女生明显感觉到了男生与过去有所不同。

这个时候，男生想要表白，提出复合，被我拦下了：在实际问题没有解决的时候，不要提出这样的请求。

直到有一天，男生特别诚恳地给女生打去了一个电话，反思了自己在感情当中对女生一些不关心的行为，正式提出了让女生来北京，两个人重归于好的请求。

女生当时都有点想挂电话了,但是男生接下来的话让女生震惊了——男生详细地说出了自己对于女生来北京之后的规划,从工作到租房,再到攒钱买房结婚,甚至后备方案都已经想得清清楚楚。

在女生震惊的时候,男生顺势讲了自己做这件事花费了很长的时间和精力,就是为了弥补自己在过往感情当中的不用心,并且承诺女生来到北京之后绝对不会让她受委屈。

这样的态度和付出,深深打动了女生。两个月之后,女生动身前往北京,入职了男生介绍的单位,两个人重归于好。

对于接受者来说,你一定要让他们感觉到你在感情当中的付出和用心——你不能只做事不发声,你要让他们看到,并且听到。

(3) 挽回自由者

在挽回自由者时,我们不要给对方太大的心理压力,要让对方感觉到我们两个人开开心心地在一起就很好,谁都不用为谁做什么牺牲和奉献。对方只有看到你身上的价值,觉得你活得十分精彩,才会愿意重新回到你身边。

我曾经帮助一位男生挽回了他的前女友,而那个女生就属于这种自由者人格。

那位男生在感情当中是一个十分依赖对方的人,经常会打电话给女朋友查岗;而且自从找了女朋友之后,就将生活重心放到了女朋友的身上。

而女生是一个十分自我的人,不止一次说过男生不要给自己太大的压力。

终于有一天,女生忍无可忍,提出了分手。

男生想要挽回女生,但是不管怎么道歉和表态,女生都十分反感,甚至警告男生,要是再这样就直接拉黑。

对于自由者来说,没有什么比承担心理压力更让他们苦恼的了,他们真的很不喜欢你为了挽回他们做那么多事情,因为他们会觉得:我又没有逼你,你做这些事情搞得好像我欠你人情一样。

因此,要想挽回自由者,最重要的是展现出你分手之后的精彩生活。通过重塑你的吸引力,让他们感觉到你的闪光点。

自由者不像施与者,需要你来展现自己离不开他们;他们也不像接受者,需要看到你的真心和付出。他们只会喜欢那些能吸引他们的人,因为他们在感情当中不想背负太多的压力。

所以,我建议男生停止付出和讨好,告诉他,从现在开始你要学会过自己的生活,甚至要对这段感情冷处理一段时间。

从那以后,男生再也没有联系女生,反而把时间花在健身和培养兴趣爱好上。

通过在社交平台发布的动态,男生传递给女生一个信号——他现在过得很好,不仅外形上发生了很大的改变,还有着丰富的业余生活。

如果是施与者,看到这样的情况会选择默默离开;如果是接受者，看到这样的情况会认为对方已经不爱自己了；但女生是自由者，反而被男生这样的状态吸引了——她开始好奇男生经历了什么，为什么男生会有这么大的改变，甚至觉得男生已经不再是过去那个只知道围着自己转的人了。

后来，女生主动联系了男生。我让男生采用比较冷淡的态度——因为在这样的情况下，如果男生立马扑上去，又会增加女生的心理压力，只会适得其反。

与其这样，还不如让两个人先做朋友。

男生偶尔会带着女生去几次健身房，也会接受女生的邀请一起吃饭、看电影，但是点到为止，绝对不纠缠。

在相处的过程中，男生一改唯唯诺诺的姿态，开始展现自己的价值，主动带动氛围，而且做事也有了自己的想法，不再只看女生的脸色。

在这样的情况下，女生反而被吸引了——因为她没有心理压力了，她觉得对方现在很优秀，两个人可以毫无压力地相处了。

这样保持半年之后，女生主动向男生表白，表示重新认识了男生，不希望两个人就这样错过。而男生经过这次挽回也明白了一个道理：在和自由者恋爱的过程中，一定要做好自己，保持住自己的吸引力。

以上是针对不同人格特性的不同挽回方法，你会发现方式是完全不同的，因为每一种人格所看重的东西是完全不同的。

施与者渴望的是被认可，接受者渴望的是被关注，自由者渴望的是相互吸引。

如果你不知道你面对的人属于哪种人格，如果你不知道这种人格的人具有哪些特性，那么你的挽回必将失败。

情感的背后是人心。如果你都猜不准对方的心，你怎么能够得到这个人呢？

# 第六章 挽回成功只是开始

挽回成功,无异于人生一大幸事与喜事。

但千万不可因为挽回成功就刀枪入库、马放南山。挽回成功不是终点,而是起点。在以后的生活中,你们还可能面临种种摩擦和冲突。如何让爱情保鲜,需要你用一生去钻研和践行。

## 懂得男女思维差异，才能更好地经营爱情

看完之前那么多的内容，相信你已经逐渐意识到：我们在处理很多情感问题的时候，都需要在男女的思维差异中寻找落脚点。

说起男女思维差异，几天几夜都说不完。女生总是抱怨"他不懂我"，而男生则时刻都在吐槽"她的事儿怎么这么多"。要理解男女的思维差异，应站在对方的角度去思考和沟通，若能这样思考，情侣之间的矛盾能减少一大半。

我总结了男女之间三个重要的思维差异。下面，我将其放在实际生活场景中去解释，相信每一个场景你都会感到似曾相识。

**1. 女生看态度，男生看逻辑**

昨天凌晨两点，万籁俱静，在茫茫黑暗中，已经睁不开眼的我还在陪着毫无睡意的女朋友聊天。

我用尽了所有缓和的方式准备结束话题，刚刚看到胜利的曙光时，她发来一句："等我们工作稳定后……"

我瞬间一个激灵，直觉告诉我，这个话题一展开至少要聊两个小时，那估计要到凌晨四点才能睡了。

绝不能"坐以待毙"。

如果我选择说："不行不行，我真熬不住了，我要睡觉，明天再聊。"这是典型的男性思维，逻辑清楚，就事论事。但是，这样在女朋友心中的印象分起码扣掉一半，搞不好还要面对"你是不是对我不耐烦了""你是不是不喜欢我了""你的未来计划里是不是根本没有我"这样的夺命三连问。

如果我说："你早点睡吧，熬夜对身体不好，我也要睡了。"男女思维各占一半，既凸显了男性的叙事逻辑，又表达了关心对方身体的良好态度。但是，这样的回答最多能达到不惹怒女朋友的程度，并不能收获更多的印象分。

而我最终选择的回答是："亲爱的，提起工作，我突然想起还有点工作没完成。本来计划晚上十点弄的，为了陪你聊天推到了现在，聊得太开心，还差点给忘了。"这个答案完美地契合了女性思维。一是表达了为了陪对方聊天而将工作搁置，凸显了对方在自己心中的重要性；二是表达了与对方聊天十分开心；三是在聊天结束后还要熬夜完成工作任务，树立了自己认真敬业的高大形象。

女生在互动中往往不看你说的对不对、有没有道理，而是看你的态度。

而男生在互动中直截了当，想到什么说什么，不加筛选和修饰。

这是男女互动中很常见的一个冲突点，女生会直接忽略男生缜密的逻辑链，转而通过男生的态度来判断他的对错。

## 2. 女生说人，男生论事

当收到朋友发来的这样一条消息"我昨天在店里吃饭的时候看见你在逛街"时，我们会怎样思考？

女生从与自己有关的部分思考："这么巧啊，我昨天是要去买……"

男生从相关的事情开始思考："你在吃什么？为什么不喊我进去一起吃？"

女生会在一个句子中优先讨论"人"，尤其是优先讨论"自己"；男生会在一个句子中优先讨论"事"，尤其是优先讨论"实事"。

因此，男生和女生在聊天的过程中，要懂得彼此思维的差异。

如果女朋友说："今天天气不错。"男生可以回复："是你的心情不错吧！"

如果女朋友说："室友出轨了。"男生可以回复："不是所有人都像你一样认真对待感情。"

如果女朋友说："刚看完《前任3》，泪崩了。"男生可以回复："你觉得里面哪个角色最像你呢？"

不夸张地说，这样聊天，女生可以和你聊一整天。

那么反过来，对于男朋友的一些语言和行为，女生也要从男性思维正确理解，不要乱钻牛角尖。

如果男朋友发来信息说："今晚和朋友聚会去。"女生的第一反应往往是：和谁聚会？是男生还是女生？这就是典型的女性思维。但事实上，他可能只是和兄弟们去路边的大排档撸串喝啤酒。所以你只需要说："知道了，别喝太多酒，早点回家。"

如果男朋友下班回家就一言不发对着手机发呆，女生的想法可能是：我做错什么了吗？为什么要对我摆脸色？但事实上，男生可能只是工作一天实在太累，只想一个人静静待一会儿。所以你只需要该敷面膜敷面膜，该刷剧刷剧，等他休息好了，自然会过来找你亲亲抱抱举高高。

**3. 女生喜欢发泄情绪，男生喜欢解决问题**

关于这一点，我相信大部分人都多少知道一些。

但是，很多男生在与女朋友交往的过程中，解决问题的方式是不对的。

比如，当女朋友说"加班好累"的时候，男生回复"心疼，抱抱，换个轻松点的工作吧"。这真的解决了问题吗？并没有。

除非你真的可以帮她安排一份钱多、事少、离家近的工作，否则你说的这句话有什么价值？难道对方不知道可以换份轻松的工作吗？但是轻松的工作能达到她现在的薪资水平吗？轻松的工作与她的专业相符吗？这些问题你都没有考虑，就只是不走心地给一个"换工作"的方案，你觉得对方会开心吗？

所以这时你只需要感受对方的情绪，并帮助她化解这种不良的情绪。

比如可以这样说："我能理解,天天加班真的让人受不了。我也很不喜欢这样的领导,工作安排不合理,只会让员工加班。算啦,不想这些不开心的了,等到周末我们一起去吃点好吃的犒劳一下自己吧!"这样既让女朋友觉得你对她的情绪感同身受,又提出周末一起吃饭的实际方案帮助她化解了不良情绪。

这才是与女朋友沟通的正确方式。

总结起来,可以有这样一个公式:

**我理解你+一致对外+转移注意力并分散负面情绪=与女朋友有效沟通**

那么,反过来,当男朋友遇到棘手的问题时,如果女生可以帮助解决问题,或者提出有效解决问题的方案,那么在对方心里也是会大大加分的。

但现实情况是,不少女生面对男朋友遭遇的困境,非但不能协助解决,反而会继续在情绪上打压对方。

比如,男朋友做的PPT不符合领导要求,被迫加班重做。有些女生不但不去体谅对方,反而一脸鄙夷地说:"你怎么这么没用,这点事都做不好!"

这样的沟通有两种结果:一是对方很生气,觉得女友不体谅自己;二是对方也开始觉得自己很没用,以后越来越不自信。

我想,这两种情况都是女生所不想看到的吧!

正确的做法应该是告诉男朋友:"我擅长做PPT,或许可以帮上忙。"即使你不会做PPT,也可以说:"别着急,我去打包两份晚餐，过去陪你一起加班。"

如果你能帮助他解决实际问题，这当然最好，即使没有这样的能力，也不要在他糟糕的情绪上添一把火。

## 两性关系中最重要的是什么

每一对情侣在交往的过程中，都要面临如何维护彼此关系的问题。但是，真正能够将这个问题处理好的，却少之又少。

我总结了两性关系中三个最重要的因素，维护好这三个重要因素，你和另一半的关系就不会出现太大的问题。

**1. 螺旋式上升的亲密关系**

在两性关系中，伴侣之间所要面对的最大敌人就是亲密关系的冷淡，又叫作两性关系的情感阈值。

很多恋爱中的人，由于长期相处，对伴侣的一切都习以为常，所以就会产生一种倦怠的心理。

这种心理所带来后果是，我们开始不自觉地放大对方的缺点，伴随而来的是在生活中不再对对方轻易忍让，矛盾和摩擦会呈几何式增长。

这就是我们俗称的多巴胺逐渐褪去，彼此之间的新鲜感逐渐减少，吸引力逐渐降低。

所以，交往一段时间以后，几乎所有女生都会问："你是不是不爱我了？"男生也会疑惑："天哪，我当初是怎么喜欢上她的？"

当两性关系发展到这个阈值时，就要懂得再一次升级亲密关系，否则不进则退，长久处于平淡期的情侣，很容易因为某一次无法和解的摩擦而分道扬镳。

在这里我想告诉大家的是，维护两性关系的和谐，我们既不能急功近利，又不能无所作为，而要懂得让亲密关系呈螺旋式上升。

什么是螺旋式上升呢？

我们可以把螺旋式上升想象成一根弹簧，其以环绕的方式稳步上升。

在这个过程中，亲密关系就像弹簧一样不断延伸。从整体的两性关系来看，既稳固、富有弹性，又持续上升。

那么，如何让两性关系呈螺旋式上升呢？答案就是制造新鲜感。

对于女生来说，假如你天天在家素面朝天、不拘小节，可以偶尔一天打扮得光鲜亮丽一些，做个漂亮的发型，再喷一些撩人的香水，挽着男友的胳膊和他逛街。他可能嘴上说"打扮得这么漂亮干什么"，其实内心已经乐开了花。这一天，他少不了主动献殷勤。

对于男生来说，平时朝九晚五、努力拼事业是首要任务，但是也要懂得为伴侣制造浪漫。比如，在某个纪念日偷偷定一个酒店，准备一个精致的礼物。女生虽然会故作矜持,但是她内心却会为你加分不少。

这就是心理学中的古烈治效应。

人在本质上属于喜新厌旧的生物,要想和一个人保持长久的稳定关系,就要懂得在生活中有意识地制造小波澜和小惊喜,展现出自己的生活情趣,让对方不时地像发现新大陆一样,发现爱情的有趣之处,两性关系才能呈螺旋式上升。

**2. 保持爱情的核心价值**

想要维护两性关系,就要保持爱情的三大价值。

(1) 精神价值

所谓精神价值,就是彼此生活情绪处于同频状态,懂得包容彼此的价值观,并有着共同的社交圈和兴趣圈。

随着交往的时间越来越长,很多情侣会感觉越来越玩不到一块去。男生不懂言情剧,女生不懂游戏,既然玩不到一块去,索性就各过各的,两性关系走到了岌岌可危的地步。

想要培养彼此的精神价值,既要懂得包容彼此的个性,又要懂得让彼此的生活产生交集,培养一些共同的兴趣爱好,从而搭建起彼此精神世界的桥梁。简单地说,就是两个人在一起有话可说,有事可做。

(2) 性价值

所谓性价值,也就是指彼此能够被对方的外表所吸引,能够产生性冲动,两人能够过正常的性生活。

相关调查显示,爱情中彼此的性冲动最多只能保持5年,因为人的多巴胺和苯乙胺醇的分泌不会长时间处于旺盛状态。

所以，想要保持性价值，就要懂得塑造自身的外在形象，偶尔尝试新的造型搭配，让对方觉得你有吸引力；同样，对方也会在潜意识中提升自己，两性关系也就进入了良性循环。

(3) 自我价值

这一条，主要是强调彼此的学识水平、能力，以及事业发展程度是否相匹配。

两个人在一起，如果一方在不断进步，而另一方总是止步不前，那么两个人的距离很快就会被拉开。随之而来的就是看待问题的角度与深度差异越来越大，共同语言越来越少，彼此没有办法很好地交流沟通。长此以往，感情很容易出现裂痕。

相反，如果两个人能够共同进步，比如一方考上了在职研究生，另一方也努力考职称；或者一方升任部门经理，另一方也被提拔为办公室主任，这样两个人就是同频的，可以交流沟通，更能够彼此欣赏。

在恋爱中，一定要不断提升自我价值，因为只有高价值的人才更容易吸引对方。当恋爱中的两个人呈现出你追我赶、共同进步的局面时，彼此对对方的吸引力都是最大的，这样的恋情也是最稳固的。

## 3. 对于彼此的认同感

何为认同感？举一个很简单的例子：在两个人交往初

期，如果你打碎了一个杯子，对方可能会说："怎么样，你的手割没割破？"但是两个人相处三年以后，对方就可能会说："你怎么这么毛躁，怎么这么笨，什么都干不好！"

相比较而言，前者更加注重伴侣的感受(对伴侣的认同感高)，而后者只在乎自己的情绪(对伴侣的认同感低)。

在恋爱中，当彼此对于自己情绪的表达大于对对方的关照时，则代表对伴侣的认同感比较低，这其实是很多平淡期情侣的常态。认同感低带来的后果往往是争吵和矛盾，久而久之，会让感情持续恶化。

那么，怎样才能增进彼此的认同感，既让对方知道你内心所想，又能让你体察到对方的情绪动向呢？

这就需要我们注重内在沟通。

在两性关系中，所谓的内在沟通，是指除了日常交流外，更多地进行内心想法的交流。

在两性关系的平淡期，彼此的交流往往停留于日常琐事，缺少有效的深度沟通，往往会导致彼此产生猜疑和误解，距离感也就油然而生。

所以，在恋爱的平淡期，一定要注意深度沟通，比如针对一件事情进行充分交流，发表彼此的看法，同时体察对方的思想。这种精神层面的交流和碰撞，更容易让彼此的感情得到升华，成为真正的灵魂伴侣。

经营两性关系，需要走进彼此的内心，倾听对方内心深处的声音。

## 给彼此留点空间，爱情才能茁壮成长

在爱情的城堡里，不要想着去控制对方，要学会给彼此一定的空间。

**1. 给对方的个性留点空间**

人人都有自己的个性，谁也不要试图改造对方。你既然决定和对方在一起，就应该对对方的个性有一定的了解，并做好接受对方个性的准备。要尽量地适应对方，让对方保持独立的人格与独特的个性。而当你给对方的个性予以适度的空间时，就会增强自身的亲和力，加深彼此之间的感情。

**2. 给对方一定的交友空间**

由于交友而导致情侣之间感情破裂的事情极为常见，而其中又以异性交往最为突出。

有的人会限制自己的伴侣交朋友，尤其是异性朋友。

有这样一个妻子，她对丈夫的行为非常敏感。

丈夫在外和同事一起吃饭，妻子就要查明是否有女同事一起吃。如果有，这顿聚餐肯定告吹。

丈夫与别人通电话时，只要对方是个女人，妻子就要问个不停。

丈夫值夜班,首先要向妻子保证同自己一起值班的人都是男人,否则妻子就要提心吊胆,会在丈夫值班时打电话过来核实。

这位妻子之所以这么做,根本原因在于她非常爱自己的丈夫,时时刻刻担心自己的丈夫被别的女人抢走。

然而她的做法非但没有把握住丈夫,反而被丈夫起诉到法院,坚决要求与之离婚。

为什么如此深爱自己丈夫的人,却将自己的爱情葬送?原因很简单,这位妻子没有给自己的丈夫留下一个自由的交友空间。

**3. 给对方一定的经济空间**

不少由丈夫提起的离婚诉讼案里,离婚理由之一都是妻子在经济上管得太死。

比如丈夫的工资卡长年由妻子把持,丈夫花钱每次都要跟妻子申领;当自己的父母生病,需要花钱就医时,还要看妻子的脸色。

正是由于妻子对丈夫在经济上的严格封锁,最终导致丈夫提出离婚。

当然也有另一种丈夫,自己把握经济大权,对妻子过于苛刻,引起妻子的不满。

因此,恋人之间要在经济上给对方一个自由的空间。

### 4. 给对方一定的工作空间

工作是每个人必须做的事情，更是维持家庭经济的途径。无论是男生还是女生，都有可能出现因为忙于工作而对对方缺少关心的情况。这个时候，要给予对方充分的理解，不要过多地干涉，最大限度地给对方留下一个工作的自由空间。不要动不动就埋怨对方疏忽自己，其实对方也许正在为你们的未来而努力打拼。

### 5. 给对方一定的隐私空间

过去的情史、曾经的日记，这些隐私不要刺探；来往电话、手机短信，也不要随意翻看。

有些人认为，既然两个人在一起交往，那么就应该共同拥有一切，包括对方的思想和内心也应该完全属于自己，不允许对方有任何一个"死角"或"隐秘的地方"。

其全然没有意识到，当一个人对自己的一切毫无保留的时候，也就是自己与别人失去心理距离时。这时，自己会缺乏安全感，自尊心也很容易受到伤害。这样的做法只会让伴侣有窒息的感觉，从而产生后退、逃避的想法。

一方越是厌倦、逃避，另一方就越是不安，越要纠缠。就像一只寒冷的刺猬，一味地向另一只刺猬挤靠，完全不顾对方已经被自己的刺扎得鲜血淋漓，也没有意识到自己也会因此被对方的刺扎伤。这样的关系只能陷入僵局，一方会越来越失望，而另一方也会越来越委屈，甚至怨恨。

现在的人都在追求个性张扬，人格独立，只有保留适当的空间，才能有人格的独立自由可言，才能长久保持情侣之间感情的美好与和谐。谁违背了这个规律，感情就会朝反方向发展。

因此，恋人之间一定不要过多地控制对方，应该多给爱情一些吸收氧气的空间，让它能自由自在地发展，从而永葆爱情的活力。

## 查手机、查微信、查QQ？别让这些操作毁掉彼此的信任

有一位作家，把爱情形象地比作一座房屋，在这座房子里，信任是基石，责任是顶梁柱，关怀是墙壁，呵护是屋顶，温情是炉火，理解是门窗。无论这座房子是什么样的，如果信任的基石不稳固，房子终究会坍塌。

在爱情关系中，我们首先要信任我们的伴侣是忠诚的、爱自己的，并珍惜彼此的关系。

信任，可以让你永远保持清醒的头脑，免受外来因素的干扰与侵袭，同时充分地保障着爱情的稳固坚实。而猜疑只会损害我们的爱情。

很多恋爱中的人，对自己的另一半不放心，或者不信任，总是喜欢查对方的手机、微信、QQ等一切社交通信工

具，看对方都在与谁联系，有没有与异性有过多的交流，说了什么话；甚至连每时每刻的行踪都要报备。长此以往，不仅会影响对方的工作与生活，而且对彼此感情的经营也是不利的。

毕竟，没有人喜欢被当作犯人，每天接受各种"审查"。

这样的严防死守，不但守不住自己的爱人，反而会将对方越推越远。

没有人是为了将来离婚而去结婚的，结婚本身就意味着一种美好的初衷：与配偶白头偕老。同时，这也意味着对配偶有着一种基本的信任。

如果你一边不相信对方，一边还选择和对方朝夕相处，这是一件多么痛苦的事情！

爱情中的男女，因为不放心对方，总是把自己弄得像个私家侦探，过度地怀疑，无端地猜忌，反而把对方逼上绝路。

信任是一种连接人与人之间的纽带。夫妻间的信任是最重要的一个环节，不要感觉今天对方哪里有些不对劲了，就用怀疑的态度来对待对方。有些事情就是在这种捕风捉影的状态下产生的，原本没有的事情就是因为对方的不信任才会弄假成真。

夫妻间不要有太多的猜疑，有了第一次，就会有第二次、第三次，这样会让这种方式成为习惯，最终伤害的还是自己。

爱情的维护需要彼此的信任。现代社会越来越开放，外遇、离婚、第三者已不是新鲜的词。不仅仅是女人越来越不安，越来越多的男人也开始变得不安。

如果丈夫总是应酬不断、天天晚归，妻子难免会起疑心。其实，丈夫很有可能是因为工作比较繁忙，不得不这样。

如果妻子很爱玩，经常去夜店酒吧，作为丈夫又能安心吗？其实，这个妻子只是有些爱玩，并没有做出什么过分的行为。

有些事情即使听到什么或者看到什么，我们也应该先想到信任，然后调查清楚，再去进行下一步，只有这样才不会被那些流言蜚语伤害。

在网络发达、价值取向和道德观念发生嬗变的今天，夫妻或者恋人之间更加渴望信任，更加需要信任。

只有相互之间以心换心，理解和信任对方，才能促使感情升华，使彼此之间的爱愈加浓郁。也只有这样，才能保持恋人或者夫妻感情的历久弥新。

## 怎样确定你的恋人是适合的结婚对象

婚姻到底是什么？婚姻就是两个人好好地过日子。

少年时，我们都曾幻想过自己以后的婚姻，对方是什么样子的？什么年纪？结婚那天的情景？长大后，我们内心多了几分现实，少了几分幻想。

如今，大家都沉迷于单身之中，逃避也好，找不到心仪的对象也罢，总而言之，恋爱看似容易，但真想走到结婚这步却很难。

现代人的婚姻，不同于以前"一亩土地，两头牛，老婆孩子热炕头"的日子，也缺少了"车马很慢，一辈子的时间只够爱一个人"的坚守。

一日三餐之后，我们推开门，回到家，害怕面对对方的抱怨、挑剔和杂乱的家，渴望的是安静、温暖、舒适的空间。

多少次，我们真的很怕，害怕现在自己身边的那个人，真的步入婚姻以后，会变成一个不修边幅的黄脸婆，或者一个邋遢的、油腻的男人。

所以，在结婚前，我们一定要问问对方，你理想中的婚姻是什么样子，你梦想中的伴侣到底是什么样的人。

不是谈天说地，也不是儿时的幻想，而是实打实的，你要什么样的人，我到底是不是这样的人。同时，也问问自己:"我要的是什么样的人,对方到底是不是那个合适的人?"

相爱容易相处难,越到婚姻临近的日子,越需要多想一想。

那么,怎么确定你的男(女)朋友是不是合适的结婚对象呢?

我花了许多时间,整理了近千件案例,做了如下总结。

**1. 爱**

有的人说,"合适"便是三观一致,爱好相似。也有的人说,结婚没什么爱不爱的,只要条件差不多,门当户对就可以了。

可是,这里必须提到的一点,就是"爱"。

如今,人们的感情可不像过去那样。

过去可以不在乎是否相爱,只要两个人条件相当,到了结婚的年纪,都有结婚的意愿,就可以结婚了,就这么一辈子了。

而现在不同了,到处是诱惑,到处是风景,如果没有点实实在在的"爱"在中间,想把婚姻坚持下去,真的很难。

很多人在结婚的时候都会觉得爱没有那么重要。其实,是因为没有多少人真的能得到爱。

爱,本来就是一个稀缺的东西,也是一种稀缺的能力。

两个都懂得爱的人能够碰在一起,相知相爱,那是难得的福气。因为太多人,终其一生,都没有这份运气和这个能力。

没有爱的婚姻是悲哀的,这是看过了无数案例之后的感慨。

举个例子吧:

小王在与前女友分手以后,觉得自己不会爱了。在那一段感情中,他几乎花费了自己所有的真情。可是年纪大了,迫于家里的压力,他就随便找了一个看着条件还不错的姑娘结婚了。

这个姑娘对小王很满意。小王也觉得,这个姑娘比前任漂亮,工作体面,学历还高,性格也比前任好,作为结婚对象应该不错吧。

但是结婚以后,小王总是想起前任。明明眼前的妻子各方面都很好,可是小王每次回到家,看见妻子在做饭,却幻视般地仿佛看到前任在下厨。

对方做了一桌子香喷喷的饭菜,可是小王依然挑剔对方做得不好吃;一起出门前,妻子因为化妆耽误了几分钟,小王就开始不耐烦;妻子生日的时候,小王可以因为加班而忽略,也不管妻子失望与否,可是前任的生日,小王却记得清清楚楚,还给她定时邮寄了生日礼物。

虽然在这个案例里,小王确实做得很不好,很多人会觉得他"身在福中不知福",可是不爱就是不爱,条件再好也爱不起来。

有人说,爱情有保质期。其实,有保质期的是激情。真正的爱如大海,可以持之以恒。

**2. 性**

说到婚姻，必须聊一下这个话题。

渡边淳一说："女性都喜欢品行端正、有绅士风度的男人，不过当她得知这个男人在性方面有障碍后，恐怕就不会再迷恋于他。"

男性就更是如此。

和谐的性生活，能够化解婚姻关系中的很多小摩擦；反之，如果性生活不和谐，也会让夫妻关系紧张，感情变淡。

**3. 家的感觉**

对于婚姻来说，对方最好能带给你"家"的感觉，你也能在对方身上能找到一种归属感。

这里说的"家的感觉"，除了一种熟悉感外，还有我们已经固化的生活习惯。两个人在生活习惯方面存在差异是很正常的，只要能不勉强自己，从心底接受对方的生活习惯，那么也会成为一对好的伴侣；但是，如果接受不了，就不要勉强，否则，你说服自己接受了，以后还是会嫌弃的。

小的嫌弃日积月累，就会变成大的矛盾。

**4. 妥善处理两个家庭的关系**

中国人的爱情，几乎和原生家庭是分不开的。有不少情侣，两个人相互喜欢，但是家长不同意，结果只能以分手收场。

走到婚姻这一步，必然要考虑对方的原生家庭。

在这点上，比较推荐的处理方式是，多为对方原生家庭着想。

比如说，两个人要商量好，买礼物就买双份，千万不要厚此薄彼，其实大家心里都介意；对于对方的其他亲戚，根据关系远近，决定走动频率；是否介意对方拿两个人的钱去补贴自己的家庭，比如给弟弟买房子等；如果双方父母和亲戚来，住在哪里，怎么安排，怎么对待；亲戚们的"熊孩子"来了，用什么态度对待，发生矛盾时怎么处理，等等。

### 5. 三观一致、门当户对

在这里的三观一致、门当户对，不仅仅是双方的经济实力和物质条件差不多，三观也不要差距太大，以至于难以彼此认同。这还包括：两个人进步的频率是否一致，上进心是否同步；平时如何沟通，沟通方式是什么；两个人是否顾家；对一些事情的看法如果出现差异，对方能否包容和理解，等等。

所以，当很多问题上升到精神层面时，不能要求对方是完美的精神伴侣，只要双方没有不耐烦和嫌弃，其实彼此就已经有不错的相容性了。

### 6. 顾家和理财

当事业和家庭难以兼顾的时候，多数情况下，双方要商量好两个人的角色分工。

家不仅仅是个生活的地方，更是两个人共同创造美好回忆的小窝。

无论男女，都渴望对方是个顾家的人。这倒不是说让对方不工作，天天围着灶台打转，奔忙于家务；而是希望对方即使再忙，也会心系家庭，每天能抽出点时间用在家人身上，实实在在为全家人的未来做打算。

很多人吵架，一方面是因为家庭分工不清，另一方面也是因为没有做好家庭理财计划。

在理财上，是不是要有公共账户，用来存储生活资金；如何为双方父母、以后的孩子存些钱以备不时之需；怎么规划现有的资金？同时，双方还要就理财方式达成共识，尽可能减少和避免为家庭增加不必要的经济风险。

**7. 车子、房子和孩子**

这点应该是很多人关心的问题，也是很多人爆发婚前矛盾的主要原因。

比如：房子是不是一定要买，在哪里买？房产证写谁的名字？买房由谁来出钱？付首付还是全款？要不要共同还房贷？打算什么时候要孩子？孩子由谁来带？双方家庭教育理念出现差异了怎么办？父母干涉过度怎么处理？孩子可不可以随母姓？孩子要几个？是否重男轻女？车子什么时候买？买车全款还是贷款？谁来还车贷？买什么档次的车？

虽然这些看起来都是小问题，但是如果不在结婚之前谈好，后面会面临很大的矛盾。

与这个问题相似的，还包括各地的彩礼和婚礼的操办。由于各地习俗不同，最好能达成统一的意见。婚前商讨一下：婚礼怎么举办，结婚预算是多少，彩礼需要给多少，等等。真正考虑到结婚，一定要回到具体的事情上来。

婚姻自古以来都是人生大事，不同的人也会有不同的考量。如果爱足够，钱足够，就一定能减免掉生活中的很多矛盾。

所以，最好在婚前和自己的另一半来一次"灵魂沟通"，把心里想说的话，想问的问题，存在的疑虑，都坦诚地说出来。

毕竟，婚姻不易，需要两人共同经营和努力；家是一体，需要我们共同珍惜。

# 第七章 挽回案例实战解析

在从事情感咨询的十年里，我协助过数万人挽回爱情——仅"知乎"上就有两万多付费咨询用户。每次挽回成功，我都像自己挽回了爱人一样开心。当然，也有挽回失败的，甚至挽回成功之后再次失去的。

在本章，我复盘近期几个挽回成功的典型案例，希望读者从中获得更直观的学习与借鉴。

## 异地恋分手后想挽回，前任却不同意我去她的城市

> **案例概述**

男生26岁，女生24岁，两个人曾就读于广东同一所高校，由大学师兄妹发展为情侣。男生毕业之后，起初留在广东省内工作，但是因为一直想去上海发展，所以工作了一段时间后毅然决然地辞职，去上海工作。

女生得知这个消息后，挽留男生未果，于是提出了分手，理由是接受不了异地恋；而且男生工作太忙，根本无法兼顾事业和爱情。既然看不到结果，还不如早点结束。

但是分手之后，男生很长时间都处在一种迷茫和孤单的状态。当男生终于明白自己最在乎的还是前任时，打算辞职回广东，回到女生的身边。

但是就在男生告诉女生这个决定的时候，遭到了女生的拒绝，并且女生明确地告诉他："我们本身也不是很合适，而且我现在不喜欢你了。"

男生十分疑惑和痛苦：两个人从学生时代一路走过来，直到分手之前感情一直都很稳定，后来，女生因为异地问题提出分手。为什么才刚刚过去几个月，女生的态度就转变得这么快？即使自己准备修正之前的错误，对方还是拒绝自己？

**案例分析**

对比一下男生对于这段感情的描述，以及女生面对男生挽回时的态度，我们就会发现两个十分奇怪的点。

第一，两个人的感情从学生时代一直延续到毕业工作，明明很稳定，但是女生却说"本身也不是很合适"。

第二，女生之前试图挽留过男生，分手之后还保留着男生的联系方式，但现在面对男生的挽回，却说"我现在不喜欢你了"。

想知道为什么会出现这种情况，我们不妨来看看男生过来咨询时和我说的话：

"老师，我愿意放弃一切去挽回她，可以为她做任何事。现在我连工作都可以不要，为什么她还是不同意与我复合？"

说句实话，我在情感咨询当中，最害怕的就是遇到这种说"我愿意付出一切代价来挽回前任"的人。

你的深情我十分理解，但是如果对方感觉到了你这种态度，只要其是一个稍微成熟一点的人，就一定会拒绝你。

首先，你的恩情太重了。

对方会认为，你因为我放弃了自己的梦想和前途，我不知道应该怎么做才能回报你。我不想让这个心理负担一直压在我的身上，更不想我们复合之后只要一有摩擦，你就拿着"当初我是为了你才回来的，你就这么对我"这句话来占据道德制高点。

其次，你在感性和冲动的支配下做出的决定，不具有任何现实的意义。

这才几个月？你又是毅然决然地跳槽，又是直接奔赴上海，现在还要杀回来——你知道自己在做什么吗？这么大的人了，做事如此冲动，对方怎么能对你放心？

所以，这才是女生拒绝男生的根本原因。

这就解释了为什么曾经和男生感情十分稳定的女生，态度转变会这么大。女生说不合适，是因为男生现在的表现根本就不像一个成熟的、可以依靠的人；女生之所以说不喜欢，是因为只有这样才能让男生别冲动，冷静下来过自己的生活。

**【挽回关键词】**适度付出，观念植入

**挽回方式**

如果真想让女生回心转意，我们解决问题的重点应该放在以下两个方面。

第一，让女生看到自己的成长和成熟、自己思想的转变，让女生知道自己不再是一个冲动的小孩。

第二，向女生表明一个态度：我回来是为了自己的前途，和你没有什么关系，你不要有心理负担。

所以当时我给男生的建议是：从现在开始，不仅不要和对方说回广东的想法，反而要更加积极地展示出自己在努力工作。

男生现在最需要做的事情，不是增进感情，不是表露

忠心，而是在女生面前树立一个"说话过脑子"的形象。只有这个形象树立起来，女生才会真的认为：假如男生有一天回来了，那也是他深思熟虑的结果，而不是冲动之下做出的选择。

所以，我让男生先放一放，陆续展示出自己安心工作的状态，然后再找机会一点一点地向女生渗透"上海不适合自己发展"这样一个观念。

比如，在聊天中适时向女生表示：

"上海是金融中心，从长远来看，我所学的电气工程专业并不十分适合这里。"

"我现在不着急换工作，等积累一点经验以后，打算去别的城市发展。"

等到女生相信他确实在为自己的前途认真思考以后，再逐渐表露自己将来回广东的意愿。但前提是，回去的理由要充分且符合实际。

比如：

"我之前的上司辞职去广东创业了，他那里正好有适合我的工作机会，我想过去试试。"

"广东的发展潜力大，房价相对于上海要便宜，而且落户更容易，适合定居。"

不仅在城市的选择上，在生活的观念上也要逐步向女生传达一些有利于复合的观念。

比如：

当女生聊起在生活与工作中遇到不开心的事的时候，可以告诉她"凡事顺其自然，不要勉强自己"。

当女生聊起朋友结婚的事情的时候，可以跟她说"两个人要多在一起相处才能走得长远"。

同时，要适时表达自己的想法：事业成功并不是人生的全部意义，只有找到相知相爱的另一半，找到归属感，才能获得真正的幸福。

每一次表达自己想法的时候，绝对不说一个与"回去"有关的字眼，但是每次都借着第三方的话题慢慢展示自己的转变。而每一个转变，都指向一个主题：我准备回去，而且我回去是出于自己的意愿。

在这个过程中，女生能够看到这个男生的思想已经变得成熟。

等到年底的时候，正好男生也工作一段时间了，而且第二年春季是找工作的黄金期，那么这个时候回广东便理所当然了。

- 之前已经说了，上海的支柱产业和我的专业不对口，所以我感觉留在这里没有什么发展前途。
- 之前已经说了，正好有人问我要不要去他那里上班，所以我跳槽也很自然。
- 之前已经说了，我觉得不要太焦虑、太逼自己，所以应该给自己换个环境，换个生活节奏。

而这些改变指向的地方是哪里呢？

是女生身边。

只要女生没有了心理压力，看到男生的思考和转变，重新考虑接受这个男生并不困难。

事实也确实如此。在那一年的春节，两人顺利复合了。

### 挽回知识点总结

第一，大部分人都不希望在感情中背负太多的心理压力，不想让另一半仅仅因为两个人之间的感情就耽误自己的发展。所以在压力面前，会本能地选择鸵鸟心态，回避遇到的问题。

第二，不要轻易要求对方为了你而放弃对自己有利的机会，不然只要一有摩擦，对方就会用"当初我是为了你才回来的，你就这么对我"这句话来占据道德制高点。

第三，挽回的时候要一点一点渗透，不要急于讨论复合话题。

## 被男生判定为"绿茶"，还有机会挽回吗

### 案例概述

小乐（化名）是个女生，她刚找到我的时候，已经犯下了很多错误。

之前男生追求她的时候，为了测试男生喜欢她的程度，她给了男生特别冷淡的回应。由于一直拒绝男生的追求，导

致男生最终放弃。

这时，小乐发现自己将要失去这个男生，开始想要挽回，四处求朋友帮忙，还在朋友圈里发大段的表白、抱怨给男生。

她看到我的公众号中有一篇文章讲了通过在朋友圈中发布与其他优质异性的合照来刺激对方，从而挽回成功的案例，便照着做了一遍，结果男生在该条朋友圈下写评论，嘲讽小乐，认为她是"绿茶婊"。

小乐来找我之前非常不自信，因为男生身边有很多优质女生，她担心自己没有竞争力。

而且，她之前的种种错误做法给男生留下了特别不好的印象，她不相信男生能改变对她的印象。

**【挽回关键词】** 重塑印象，创建吸引

**挽回方式**

❶ 分析问题，及时止损

我向小乐了解了她的家庭环境，判断她的依恋模式为恐惧型——受原生家庭的影响，既恐惧亲密关系，又担心被抛弃。

针对她存在的心理问题，我制订了专门的心理疏导方案，慢慢将她的依恋模式从恐惧型变为安全型。

与此同时，也针对她与男生之间的状况，制订了相应的挽回计划。

我让她把之前在朋友圈发布的与男生相关的内容都删掉，并且发信息给对方：

"之前发的朋友圈太傻啦，对不起，以后不会这么幼稚了。做朋友就很好了，我会慢慢走出来的。"

由于之前男生对小乐的印象很差，所以必须先降低冲突。

之所以说"慢慢走出来"，而不是"很快放弃"，就是暗示对方，自己真的很爱他，只是因为不想给他造成伤害，所以才放弃的。

果然，男生接受了两个人"朋友"的关系。

❷ 消除矛盾，重塑印象

一段时间后，恰逢小乐的生日。我指导她发朋友圈，展示朋友们赠送的礼物，并表达喜悦心情，然后再去问目标男生：

"男生都喜欢收到怎样的礼物呀？"

我让她告诉目标男生，有个关系很好的男性朋友送了一份很贵重的礼物，不知道是不是对自己有意思。拒绝礼物不太好，收下礼物又怕对方产生不必要的误会，所以准备还一份等价值的礼物给他。

这样做的目的有两个。

一是侧面证明自己是一个坦诚的女孩，没有"养备胎"的想法。让男生回忆起，女生当初迟迟不答应与他交往，并不是在"养备胎"，如果不喜欢他，早就加以拒绝了。

二是激起目标男生的嫉妒心，让他意识到，这个女生是很优秀的,有很多人喜欢。

**❸ 制造窗口,创建吸引**

之后,在女生感冒期间,我让她发了朋友圈。果不其然,男生主动来关心女生了。

在这个时候,我对女生进行聊天指导,让她给男生一个小小的需求感奖励,告诉男生"你是唯一一个来安慰我的朋友",表达自己的无助,激发男生的保护心理,并确认男生的唯一性。

同时,两个人聊到了家庭和未来规划,展示了孝顺和三观端正的隐性价值,让男生感受到女生优质的内在。

至此,女生已经彻底改变了男生之前对自己的印象。

我一直认为,真正的挽回并不是以结果为目的。因为即使我使用专业套路,帮助学员挽回对方,只要学员自身的问题没有得到解决,那么两人在以后的相处中依然会发生种种矛盾,导致二次分手。

所以在这个过程中,我一方面帮学员采用合适的方法拉近两人之间的关系,另一方面对学员进行两性交往能力的培养。

希望其他想要挽回前任的朋友也能意识到,如果自身的核心问题得不到解决,就算挽回成功,下一次还会因为同样的原因而分手。

**❹ 引导男生表白,确立恋人关系**

在发现小乐已经彻底改变,也拥有了和对方更好地相处的能力后,我立刻加快推进两人的关系,更多地去引导小乐增加目标男生在这段关系中的投入度。

因为两个人都喜欢养宠物，所以我让小乐约男生一起遛狗，约会结束后，偷偷亲一下男生的脸颊，然后害羞地跑开，给男生一定的可得性以及捉摸不透的神秘感。

这次见面后，男生明显比之前主动了许多，主动约小乐过几天去家里看自己的宠物。

因为小乐是女生，所以我提前给她制订了约会计划，告诉她在私密空间内不能主动将关系升级，只可以进行暗示和引导。

在这次约会过程中，我让她假借肩膀酸，暗示男生给她按摩，制造亲密的肢体接触，让两个人的心动感持续增强。

但当男生想要有进一步行为的时候，我让小乐表达拒绝，并问男生："你是不是喜欢我？"

最终，男生在这个心理博弈中败下阵来，忍不住主动对小乐表白。小乐接受了男生的告白，并且表达了自己想要和男生长期认真交往的态度，由此正式确立了恋爱关系。

**❺ 关系稳固和长期植入**

在之后的交往中，我给小乐制订了一份方案，让她主动引导男生做一些有仪式感的事情巩固两个人的亲密度，比如带男生去自己童年经历中最有意义的场所，一起看音乐剧，一起为两只狗改名字，等等。

直到男生带小乐见过父母后，双方的情感才算彻底稳固。

> 挽回知识点总结

第一，世界上没有完全相同的两个人，也没有完全相似的感情，所以千万不要套用别人挽回的方式。只有根据自身的实际情况，采取相应的策略，才能更好地挽回感情。

第二，爱一个人就要采用对方能够接受的方式，任何套路都比不上一颗真心。

## 挽回已经有新欢的前任，算不算"挖墙脚"

> 案例概述

男生，25岁，在户外活动的时候认识了女生，两个人恋爱两年。因为男生工作忙，经常忽略女生的感受，女生一气之下提出分手。

男生试图挽留过女生，但是女生表示，男生无法在恋爱中提供正常的陪伴，所以彼此可以做朋友，等到一切稳定了再考虑，现在不会考虑复合。

但是，半个月后，男生忙完了手头的工作项目，想要挽回女生的时候，女生突然发朋友圈公布新恋情，而交往对象是两年前追过她的男同事。

> 案例分析

前任和自己分手之后，短时间内另寻新欢——遇到这类问题的人，来找我时几乎都处于崩溃的状态，他们认为本来挽回就已经是一件难事了，而对方这个时候还有了对象，他们认为这种状况是一个死局。

但是，我持有相反的观点：对方不脱单，情况还很难说；对方若脱单，我们成功挽回的概率会直接飙升到80%。

一个和你有感情基础的人，在与你长期相处后，突然快速地进入下一段恋爱中，这段新恋情只会出现各种的不适应和摩擦，而且这种摩擦和不适应越多，越能凸显你们在一起时有多么的合适和甜蜜。这个时候，你的前任虽然脱单了，但实际上会更加怀念你。

等到对方发现自己根本没办法顺利开始新恋情的时候，你出面挽回就会轻而易举。

我让男生询问前任为什么这么快就开始新恋情，女生给出的答复是：

"他对我很好，我说的话他都会放在心上，每天都会跟我说早安、晚安，随时报备情况。我说一句肚子饿，他就会打车过来给我送宵夜。这些你可以做到吗？你做不到！"

大家看出满满的信息量了吗？

首先，如果女生真的不在乎这个男生了，或者女生真的是因为喜欢现任而开始交往的，那么她回复男生只需要简单敷衍几句即可——毕竟热恋期的人，谁会有闲工夫搭理前任呢？

但是女生一上来就不依不饶地说了一堆话，表现出她对男生的强烈不满和怨气，这绝对是一件好事：前任对你怨气越大，就说明她越在乎你们之间的感情，她根本没办法放下你们之间的过往。真正放下的人，根本不会有心情来指责你。

然后，我们再看看女生对现任男朋友的描述，可以发现两件事：第一，女生说了半天现任男友如何"对自己好"，却只字未提"他很好"；第二，女生看似在说男朋友对自己好，但是这一段话说下来，想表达的意思反而是——你看看人家是怎么当男朋友的！

这说明女生根本忘不掉曾经的男朋友，而现任男朋友只不过是她在孤独寂寞之下找的一个临时避风港。

另外，她的现任男友在两年前就追求过她。如果她喜欢对方，那个时候就会接受，根本等不到现在。

所以现实情况就是：那个男同事为了追求女生，下了很大的功夫。

这种追求状态就注定了一件事：现任的优秀表现，绝对不会长久。

不信的话你可以试试：坚持一个月对一个人每天问候，天天陪着聊天，人家说一句话，你就立刻去帮忙解决问题……你会知道这有多累，多难坚持。

这个现任追到女生，全靠自己的付出，但是这个付出根本无法持续，那么一定会造成一个结果：他失去耐心，态度转变，和女生之间出现各种摩擦与争执，而女生会接受不了他的态度变化。

这个时候，本来就对现任没有多少感情的女生，一定会怀念起自己曾经的男朋友——毕竟两年交往下来，两个人之间有深厚的感情基础。

果然不出我所料，女生在一段时间之后发了一条这样的朋友圈：

"感觉变成了一个可有可无的存在，成为别人的一台打卡机。"

这条信息表明：现任已经开始失去耐心，相处的时候已经开始敷衍了事。

这个时候，我们就该行动了。

【挽回关键词】旁敲侧击，形成对比

挽回方式

我让男生在微信朋友圈发布了这样一条消息：

"如果你驯养了我，我们就会彼此需要。对我来说，你就是我的世界里独一无二的了；我对你来说，也是你的世界里的唯一了。"同时，配上《小王子》的图书照片。

这是《小王子》当中的一段话，特别贴合女生此时的心境：我本来是想找一个很在乎我的人，但是我发现这个人其实并没有那么在乎我，我对于他而言也没有什么意义。

正因为贴合女生当下的心境，所以给了女生一个窗口和信号。

果然，女生点赞了这条消息。

借着这个话题，我让男生去和女生聊天，并告诉他，不可以直接表达关心。因为她现在是别人的女朋友，如果直接表达关心，她的内心可能没有办法接受。因为女生内心不会愿意承认自己是一个"吃着碗里，看着锅里"的人，不愿意承认"当初是因为冲动才和现任在一起的"，更不愿意承认自己忘不掉前任——这会让她觉得特别丢脸。所以如果男生表现得特别直接，女生可能因为面子问题而根本不回复消息。

但是，采用旁敲侧击的方式，她的接受度就会高很多。

在聊天的过程中，我让男生传递了这样几个信息：

"小王子那么爱玫瑰，但玫瑰却那么高傲。"（此时女生心中对现任可能存有不满，这句话就是在暗示现任对她高傲、不在乎。）

"你其实一直在等一个人出现，来告诉你，你是独一无二的，你是专属于他的。而最让你伤心的事情，莫过于你以为自己已经被一个人驯化了，却忽然发现自己对于那个人而言，只不过是五千株玫瑰当中的一株而已。"（顺应女生的情绪进行解读，进一步给女生营造"还是他懂我"的感觉。）

这是基于对女生的充分了解，用旁敲侧击的方式来说出她内心的想法。

本来女生就对现任感到不满了，她已经开始对比前男友与现男友。这个时候，前男友突然表现得特别懂她，她会十分感动，觉得"还是你了解我，还是你知道我在想什么"。

大家一定要知道：你的前任迅速脱单并不是什么糟糕的事情，因为她只不过是不敢面对自己的情绪，在给自己找一个精神寄托。而这种不假思索就开始的恋爱关系，会出现很多问题。

你都不需要特别努力去提升自己，因为她的现任一出错，就可以显示出你的优秀。

通过那次聊天，其实就已经给这个女生心中种下了一颗种子：我想要找的人是理解我的，是能够在乎我的，是把我当回事的。我的现任根本不是这样的人，他过了激情期之后就开始冷淡我了；而且我们之间出现了那么多不合适，我们不该在一起。还是我的前男友懂我，他知道我在想什么。

这颗种子，会在之后她和现任相处的过程中不断生长。他们之间的每一次摩擦与争吵，都会让种子长得更快。而这颗种子破土而出的那天，就是他们分手的时候。

果然，在不久之后，女生就与现任分手了，恢复了单身状态。

这个时候，我们不能立刻出现，表示想要复合。我们只需要轻松自然地出现在她的面前，创造一个见面接触的机会，就能很快回到一个不错的相处状态。

而在这个过程中，我指导这个男生从一些小事做起，要做到"她忘了的事情你还记得，她说过的话你放在心里"。

男生也在这个过程中，逐渐意识到自己过去亏欠了女生太多。

所以，他也积极地做出了弥补。而女生也看到了男生的变化，感受到了男生的不同。

我看时机成熟了，就给男生设计了一次约会。

在两个人第一次约会的地方，男生带着女生回忆了一下当初两个人在一起的时光，并且表示自己现在的工作已经稳定下来，会花更多的时间来经营两个人的感情。而且，针对女生之前抱怨男生忽视自己感受的情况，他也表示：

"我过去不懂，一直追求工作、收入、业绩。但是现在我知道了，那些事情并不是最重要的。我存在的意义，是让一个人觉得我是独一无二的。而你是唯一一个让我有这种感觉的人。我不想就这样失去一个对我而言这么重要的人。"

这些话直接说到了女生的心里，两人顺利复合。

### 挽回知识点总结

第一，挽回已经有新欢的前任，非常重要的一点就是，不要让对方觉得自己很冲动，很羞愧，要学会旁敲侧击，隐晦地传递你想表达的信息。

第二，与其解释自己的不得已，为自己辩解，和对方争吵，还不如站在对方的立场和角度表示理解与尊重，这样会有更好的效果。

## 挽回时，为什么对方总是不愿意给第二次机会

> 案例概述

咨询者是一位女生，23岁，大学毕业后因为工作压力太大，所以经常和男友发火争吵，并且不止一次以"没有时间恋爱"为理由，想要和男朋友分手。

但是就在男生忍无可忍终于同意分手半年之后，女生感觉到后悔，想要挽回前任。

而在挽回的过程中，男生多次表示"你说的话不可信""我没办法信任你""谁知道你会不会改变想法"，一次次地拒绝女生的道歉，并且表示不愿意再给女生机会。

女生十分绝望："为什么我一直在真诚地道歉，但对方就是不愿意接受我的道歉，不肯再给我一次机会？"

> 案例分析

我们先来看看这位女生在挽回的时候，是怎样与前任沟通的：

"你为什么不愿意相信我呢？我真的成熟了很多，不会再犯之前的错误了。"

"我跟你道歉很多次了，我真的十分后悔当初那样冷落你。"

"你为什么不愿意接受我的道歉呢？我该怎么做，才能让你知道，我是真的反思了。"

而男生的答复是:"我知道你在成长,也在反思。我只是觉得,你这次来找我,与之前我们吵架后你口口声声地道歉,并没有本质上的不同。即使原来的问题解决了,新的问题还是会出现,下一次你还是会以种种理由提出分手。我不想再经历这种无止境的分分合合。"

我们分析一下女生的话语,就会发现,这种沟通方式是无用的。

的确,你道歉了;的确,你承诺了。但是,你根本没有说清楚为什么你意识到自己做错了,也没有讲明白为什么这样的事情以后不会再发生了。

很多人不愿意与前任复合,最主要的原因就是不想重蹈覆辙:我不至于完全不原谅你,但我想知道的是,如果你重新和我在一起,以后会不会再次伤害我?

很多人提出分手以后,虽然真的很后悔,很懊恼,但是他们挽回前任的时候可能根本就没有考虑过这个至关重要的问题,所以他们没办法给出一个让前任满意的答案。

信任基础一旦被破坏,是不会很快就重新建立起来的。要想建立彼此之间的信任,我们必须做的事情是:让对方看到我们做的承诺不是空谈。

【挽回关键词】自我改善,理性沟通

挽回方式

当你想要挽回前任的时候,所要传递的最重要也最有效的信息是两个：

第一，过去的问题已经不再是问题，不会再次发生，即使发生了，我也有十足的能力和把握来解决这个问题；

第二，我不仅认识到了自己的问题，而且为解决这个问题做出了积极的努力和改变。

所以，我给这位女生重新设计了挽回方案：停止骚扰对方，先在朋友圈里展示自己的变化。

这个时候不需要和对方多说什么，只有实际的改变才是最有力的证明。

就这样，经过了一段时间以后，男生逐渐看到女生的转变，态度也有所缓和。

在此基础上，我指导女生通过聊天向男生表达自己在思想与态度上的转变，并且从主观与客观两个方面来解释说明。

比如：

当初经常向对方发脾气，主观原因是觉得对方不会真的离开自己，所以有恃无恐；客观上，是因为当初刚进入社会，比较迷茫，融入不了公司的氛围，以及工作压力大，有紧张感。

而现在这些问题已经解决了，是因为：第一，已经认识到，自己那样伤害对方，对方是会真的离开的，所以以后不会再有恃无恐地去做一些破坏两人关系的事情；第二，经过一段时间的工作，已经能够适应职场环境和工作内容，工作压力已经相对减轻，不会再出现那种迷茫紧张的状态了。

由于女生认真的反思与真诚的解释,男生给予了女生充分的谅解,两人很快重归于好。

> 挽回知识点总结

第一,很多人不愿意与前任复合,并不是因为不爱前任了,或者讨厌前任了,最主要的原因是不想重蹈覆辙。

第二,当你想要挽回前任的时候,需要传达的最重要也最有效的信息有两个:过去的问题已经不再是问题,不会再次发生,即使发生了,我也有能力解决这个问题;我不仅认识到了自己的问题,而且为解决这个问题做出了积极的努力和改变。

第三,挽回过程中最重要的是摆事实、讲道理,而不是一而再、再而三地试图用你们之间的感情来感化对方。只有让对方感觉到你真的发生了变化,对方才会愿意考虑与你重归于好。

## 利用男生的捕猎心理,让绝情的他后悔离开你

> 案例概述

咨询者是一位女生,想要挽回前男友。

两个人是经过朋友介绍认识的，接触了几天便开始交往。

但是，男生并没有真的喜欢上女生，只是觉得女生的性格还算不错，是个适合当老婆的人选，想要先谈着看看；而女生对男生已经动了真心。

两个人在一起也是平平淡淡，平时就是吃个饭，看个电影。男生越来越觉得无聊，对女生也越来越冷淡。

另外，男生有一个令他念念不忘的前女友。开始新恋情以后，男生越发想念前女友，不久便与这个现任女友提出分手。

也就是说，女生虽然一开始顶着"恋人"的身份，但实际上她在男生心中的地位根本就不是另一半，而更像是一个"备胎"。

女生十分心痛，也很惋惜，她不甘心就这样被分手。她想要给自己的感情讨一个说法，想要自己喜欢的人能够认真喜欢自己。

因此，女生找到了我，希望我能够帮助她挽回前男友，并且加固两个人之间的感情。

**案例分析**

第一，对于男生来说，与这位女生交往的原因，仅仅是"合适"，并非"喜欢"。

所以，两个人的感情基础十分薄弱，而且女生身上并没有独特的长处能够吸引男生，给男生造成了一种可有可无的感觉。

第二,两个人刚认识就确立了恋爱关系,因此女生对于自己的形象和吸引力并没有进行刻意的塑造。

因此,在男生看来,这样的女生或许很温柔,很善解人意,但是缺乏作为异性的魅力,两个人在一起并没有激情。

第三,女生平时的生活比较枯燥无趣,两个人在一起的时间太短,也没有能够很好地挖掘共同话题和兴趣爱好,导致男生认为和女生在一起十分单调无聊,失去交流的兴趣。

在女生本身就没有什么吸引力的情况下,交流的匮乏进一步导致男生对女生失去兴趣。

第四,女生在感情当中得失心太重,生怕失去对方。恰恰是这样的心态导致女生患得患失,过度卑微,不断地讨好对方。这样的行为让男生有一种"吃定了"女生的感觉,反而更加不珍惜女生对自己的感情,把女生当成一个"备胎"。

【挽回关键词】勇于表态,树立形象,展示后备人选

挽回方式

❶ 通过塑造外在形象和内在修养,重新吸引对方

通过前面的分析,我们可以看到,在男生看来,这位女生缺乏吸引力,自己在她身上找不到被吸引的感觉,所以提出了分手。正是因为吸引力不足,男生才会怀念前任,怀念

前任带给自己的感觉。

对于这种初期吸引力不足导致对方怀念前任的情况，女生在形象上就需要有所变化，让男生把更多的心思花在女生身上，充分营造神秘感和危机感，男生自然会减少对于前任的回忆，而增加对女生的情感投资。

同时，充分培养自己的兴趣爱好，丰富自己的生活，扩大自己的社交圈，摆脱枯燥无趣的一面。

我们要给男生创造出一种"我之前怎么没发现这个人这么好"的感觉，要让男生有一种因为错过你而后悔的心理。

针对这位女生的具体情况，我对她进行突击授课，让她学会更具吸引力的沟通方式。

很多人都知道，若想重新吸引对方，需要从外在形象开始改变，但实际上，仅改变外在形象，虽然会让对方重新注意到你，但是两个人重新交流的时候，如果你还是像过去一样语言乏味，或者唯唯诺诺不敢说话，对方对你的改观会很快消失。

若要重塑自己，既要重视外在形象，还要注重内在修养。

❷ 若即若离，植入挑战性

当女生的各项吸引力初步建立以后，我让她找目标男生聊天，试探目标男生的态度，同时有意识地展示自己的转变。

这时男生开始主动，但是仍旧不提彼此感情关系的事情，说明男生还是把女生当成"备胎"，只不过这个"备胎"比以前更优质而已。

于是，我们刻意让女生降低信息回复速度，甚至刻意不回对方信息而去发朋友圈，增加自己的挑战性。

而这时，男生的情绪开始被激发，但在实际的言语中仍然是不尊重这个女生的。

很多人在感情当中有一个错误认知，他们会认为，在感情当中占据主动权的人，往往对弱势的一方完全不在乎。

这就错了，恋爱当中的主动和被动都是相生的关系，一个习惯于强势，习惯于被你秒回信息的人，一旦失去了这样的待遇，就会开始慌张。

因为他突然意识到，自己一旦失去了你，再也没有人能让他获得被照顾、被关爱的感觉。

所以，此时男生的焦急情绪被一点点激发出来，但还是把自己放在上位者的姿态，完全不尊重这位女生。

但是我们需要明白，这个时候，男生越不开心，就表示越在乎女生。所以在这个阶段，不要完全推开对方，要学会吊住对方，并且适时给予一些回应，否则容易适得其反。

在这一阶段，我们的目的仅仅是给男生制造不适感，让男生意识到这个女生并不像自己想象得那么容易受控制，自己不可以在感情当中任意妄为。

❸ 激化矛盾，备胎反击

到这一步，我让女生多展示一些男性朋友，不要把自己的精力都放在目标男生身上，要让他知道，可能有很多男生在追求她,激发他的竞争意识和占有欲。

我让女生开始接触其他男性朋友,并发朋友圈展示,这也是欲擒故纵的方法之一。因为,只有有效地推开,才能更好地拉回来。

这里需要注意的是,不要和其他异性过于暧昧。

可能会有人认为,这样岂不是容易让对方更加讨厌自己?

其实,在两性交往中,要把握好尺度,任何事情都有可能产生积极的一面。

在这里告诉大家一个技巧:你可以展示出其他异性朋友,但是最好传递一种"若即若离"的态度。

比如:出去吃饭的时候拍一张照片,但是只露出异性的手,说一句"终于打卡喜欢的餐厅"——我没有说这是我的追求者,但我们两个人是单独出来吃的饭。

比如:晒一些小礼物,不说是谁送的,配文"真没想到,今天还有这个惊喜"——这个惊喜是谁送的,那个人和我是什么关系,我也不直接说。

前任只要开始进行猜测,就说明他开始在乎你了;只要开始着急了,就说明他已经开始在乎你了。

❹ 破而后立,重获高位

通过前面的种种安排,前任已经成功上钩,变得急躁不安。

这时,想要获得对方的重视,就一定要敢于打破对方心中对你们关系的认知,让他明白,不是你离不开他,而是他离不开你。

如果对方原本的认知不打破，那么即使暂时复合，对方也不会珍惜你。

所以，我让女生继续传达若即若离的态度，进一步激发男生的嫉妒心理。当男生的嫉妒心理达到极致的时候，甚至会忍不住将女生从自己的微信好友中删除。

面对这种情况，很多人肯定会急着向对方解释，殊不知，越解释，越证明自己"廉价"。

要知道，男生的这种行为属于典型的冲动行为，而且是无力感爆棚引发的冲动，觉得女生脱离了自己的掌控，因而产生了这种愤怒情绪。所以，冷静之后伴随而来的一定是后悔，情感压抑之下就会重新正视女生的重要性。

此时男生唯一的解决办法就是主动求和，除此之外，没有任何方式能改变现状。

很有意思的是，女生在这个过程中极度恐慌，并不相信我的判断，认为男生是个很要面子的人，不会低头，他做的决定是不会改的。

但实际上，男生的捕猎心理决定他一定会在极度愤怒之下有所行动。

结果，第二天男生就直接来到女生的公司楼下，摆出傲娇的姿态质问女生为什么要跟别的异性出去玩。

我提前就告诉女生，千万不要妥协，稳住阵脚。终于，男生承受不住要失去对方的危机，向女生道歉，并提出复合。

**❺ 重塑关系，调整恋爱模式**

挽回成功的那一刻，往往是最危险的时期，很容易将之前的所有努力化为乌有。所以，我最后教女生如何在人际交往中正确表达自己的需求，敢于提出自己的想法，而不是无条件地放低自己的原则和底线。

正是女生这样的态度，男生再也不敢见异思迁，同时更加在乎女生的感受，主动和女生报备自己的行程，主动和女生撒娇。女生也由原来的唯唯诺诺，变成了感情当中占据主导地位的一方。

虽然在恋爱中女生并不一定要占据多么高的位置，但是在一段健康的恋爱关系中，女生一定要有让对方重视自己的能力。

**挽回知识点总结**

回顾一下挽回的过程，你会惊讶地发现，我们不仅帮助咨询者挽回了前任，而且完全逆转了两个人之间的关系。

对方回到女生身边的时候，已经不再是那个冷冷的高姿态的男生，相反，变成了一个会撒娇、会主动报备自己行程的优秀男朋友。

这就是我一开始讲的，很多时候并不是你不能扭转对方对你的态度，而是你不敢罢了。

在挽回当中，我们一定要有勇气，有手腕，敢于表明自己的态度，敢于展示自己的生活，也敢于展示自己的其他备选项，让对方意识到我们并不是非他不可，并不是要"在一棵树上吊死"。

很少有人敢去尝试这样的挽回方式。但实际上，这样的挽回方法不仅有效，而且能够彻底扭转败局。

太容易得到的东西，人们往往不会在乎；反而是有挑战性的，有危机的事情，更能引起人们重视——这也就是我们所说的捕猎心理。学会利用这个心理，制造在感情当中的挑战性和奖品性，对方会更加在乎你，也会意识到真的离不开你。

我希望这个案例能教会你们的，不仅仅是挽回的方法，还有在感情当中的心法和态度：

我很喜欢你，也很爱你，我当然希望和你好好地在一起。但是，我的生活里也并非只有你，你也不能仗着我喜欢你就欺负我。如果我们两个人想要长期交往，请你一定要给我应有的照顾、关爱和尊重。

## 帮助老公重振事业，他却想要和我离婚

### 案例概述

女方28岁，男方29岁，两人结婚两年。

男方是在读博士，但是论文一直没有通过；而女方最近刚刚升任公司的项目经理。

两人结婚后的两年中，原本是夫妻共同承担家庭开销，但是因为男方的论文迟迟未能通过，而且之前谈好的工作机会也因为经济大环境的原因被搁置，所以男方一直处在事业的低潮期。

而女方事业发展顺利，春风得意，经常在家中表现出很强的优越感，对男方的学业与工作指手画脚，导致男方心态失衡，频繁和女方爆发争吵并且冷战，透露出了离婚的想法。

因为两个人恋爱多年，有深厚的感情基础，而且男方曾竭尽全力帮助女方家庭渡过一些难关，所以女方放不下这段感情，想要挽回男方。但是，男方一直处于冷战状态中，不想和女方沟通。

### 案例分析

了解了基本情况之后，我判断这个男人还是靠谱的，并不是那种没有本事赚钱还嫉妒老婆的人。

因为他本身还是很努力的，虽然在攻读博士学位，但是同时也供养着家庭；而且写博士毕业论文本身就是难度很大的事情，论文未能通过也并非他主观不努力所致。至于工作的问题，更是由于发生意外情况才被搁置的。而且女方家庭出事的时候，男方曾全力相助，可见这个人还是很善良的，只不过近期处于事业低谷。

当我们判断一个伴侣是否值得我们继续投入时间和精力的时候，一定要看一看：这个人是处于短暂的、非主观的原因导致的低谷期，还是一贯不思进取；这个人在之前的感情当中是否承担了应有的责任？

目前，两人实力悬殊，导致一方出现心理落差，从而引发冷战和分手，这是两股力量碰撞出来的结果：目前处于低谷的一方，因为自尊心的原因，倾向自我保护、对外隔绝；而目前处在高位的一方，总喜欢用"我这么做成功了，你这么做也可以"的思维去指点对方。这样，矛盾就爆发了。

根据女方的描述，她在与丈夫交流的过程中，曾不止一次说过这样的话：

"你读书读傻了是不是？"

"你听我的，没有错。"

"你靠自己根本没有用！"

"工作方面，我的经验比你丰富。"

可见，在日常交流中，女方总是摆出一副高高在上的姿态：我来指导你，我说的是对的，你要听我的话。

而这种态度，是夫妻相处中最不应该出现的。

对于一个男人来说，在事业上受挫，不仅会产生挫败感，还有羞耻感。

因为男性本身就有养家糊口的责任，博士毕业的他原本可以通过一份薪水丰厚的工作来证明自己的价值。但是，论文迟迟未能通过，工作机会也因大环境的影响而被搁置，他本身就很懊恼。而这个时候，女方偏偏倚仗自己的长项，对男方指指点点，当然会引发矛盾。

说到这里，可能有人会问："我这也是为了他好，我是想让这个人更好地走出来，不然我要袖手旁观吗？"——前来咨询的女士也有这样的疑惑。

但我要告诉大家的是：面对这种情况，你只需要做一个倾听者，陪在对方身边，让对方感受到理解和安慰。至于他所面对的具体问题，他会自己去思考解决。他不是没有能力解决问题，只是需要一些时间整理思绪。

【挽回关键词】尊重对方，平等沟通

> 挽回方式

我根据他们的情况，给女方的建议是：先给对方一个台阶下，比如请求对方帮助做一些事情，凸显对方的能力和重要性；然后真诚地表达自己的歉意。

何谓真诚地表达自己的歉意呢？

很简单：你不要为自己辩解什么，只需要为你给对方带来不好的感觉这件事道歉。

果然，通过这样的方式，男方的态度有所缓和，没有再提离婚的事情。

之后，对于未来在婚姻中应该如何处理类似的问题，我给女方提出了一些建议：当对方遇到困难时，一定要先问对方的意见，问他是否需要自己提供帮助，不要想当然地用自己认为正确的方式去干涉对方的事务——很多时候，我们以为这样做是为对方好，但其实会给对方造成特别大的心理负担。

两个人能够在一起不容易，尤其是对方陷入低谷期的时候，更需要我们提供对方真正需要的帮助。

**挽回知识点总结**

第一，判断伴侣是否值得我们继续投入时间和精力的时候，一定要看一看：这个人是处于短暂的、非主观的原因导致的低谷期，还是一直不思进取；这个人在之前的感情当中是否承担了应有的责任。

第二，两人实力悬殊，导致一方出现心理落差，从而引发冷战和分手，这是两股力量碰撞出来的结果：目前处于低谷的一方，因为自尊心的原因，倾向自我保护、对外隔绝；而目前处在高位的一方，总喜欢用"我这么做成功了，你这么做也可以"的思维去指点对方。这样，矛盾就爆发了。

第三，道歉就是道歉，不要借着道歉的机会，试图证明自己是正确的。

第四，当对方陷入低谷的时候，问问他是否需要自己提供帮助。不要想当然地用自己认为正确的方式去干涉对方的事务——很多时候，我们以为这样做是为对方好，其实会给对方造成特别大的心理负担。

## 脾气太大气走男朋友，只用一招成功挽回

**案例概述**

咨询者是一位女生，她和男朋友已经交往了五年，之前感

情一直很好。但是最近同居以后，女生经常因为生活上的各种小事大发脾气。男朋友受够了无止境的争吵，主动提出分手。

女生试图去挽回对方，但是遭到了明确的拒绝。男生为了远离女生，快速找房搬家，离开了她。

在之后的一次沟通当中，两个人又因为之前共同抚养的宠物狗吵得天翻地覆。

至此，男生对女生的印象已经差到了极点，就连之前最喜欢的宠物狗都不想再见了，并且告诉女生"以后你离我的生活越远越好"。

### 案例分析

两个人已经交往五年，可以说要到谈婚论嫁的程度了。根据双方选择同居也能够看出，两个人都在考虑接纳对方进入自己的生活。可是，为什么情况会急转直下呢？

其实，这主要还是女生的沟通方式出现了问题。

比如，当男生提出"我们分开一段时间吧，可能真的不是很合适"后，女生没有进行有效的沟通，而是咄咄逼人地问："你给我把话说清楚，什么叫'分开一段时间'？"

在这个时候，男生还算是比较克制的，虽然已经有了分手的想法，但是言语并没有十分激烈。但是，女生咄咄逼人的态度，和这种一说话就吵架的方式，让男生失去了和她继续走下去的信心。

这是很多女生在与另一半相处的时候容易出现的一个问题：把自己不安的、焦虑的情绪转化为咄咄逼人的沟通方式，以此来给对方施压。

我们试想一下：处理生活中各种各样的复杂问题本来就让人心力交瘁，如果对方在这个时候还咬住你不放，不停地用一种类似"你把话说清楚，你是什么意思"的咄咄逼人的态度来威胁你，你是什么感受？

而且，这个女生并不想分手，甚至在分手之后狗狗生病时，她也很无助地去找了男生，结果上来先指责了男生将近十分钟，不停地和男生说"都是你不负责任""你从来都没在乎过我的感受""你对狗狗一点都不关心"，最后把本来还关心狗狗情况的男生彻底惹恼了。

事后，这个女生来找我的时候，我就和她分析了她的问题。

很多人都会在感情当中犯一个错误：不敢真实地表现出自己的在乎，不愿意向另一半展示自己的无助，甚至吝啬对另一半的认可，而宁愿把这种情绪转化为对对方的指责和攻击。

我们宁愿说"你还知道回来？你怎么不死在外面"，也不愿说"我真的很需要你的陪伴，没有你在身边，我没有安全感"。

我们宁愿说"你什么意思，你是不是不想好好过了"，也不愿说"我需要你，我不想失去你"。

我们宁愿指责对方"你从来都不在乎我"，也不愿说"我真的很需要你的帮助，我真的很无助"。

来我这里咨询的很多女生都出现过这样的问题：她们嘴上说着对前任的百般嫌弃、千般厌恶，但实际上她们很在乎对方。她们的不满其实来源于她们内心对感情的不安全感，她们的情绪化是为了引起对方的注意。但是，她们从来都不会好好说话。

**【挽回关键词】**收敛情绪

挽回方式

我系统梳理了一遍这个女生在过往感情中出现的沟通问题，并且在沟通思维上对她重新进行了构造，让她去练习怎么向另一半表达自己的真实情感，而不是指责和控诉。

而且借助给狗狗看病这件事情，我指导这个女生重新联系了男生，并且手把手地帮着她聊天，真诚地表达出自己现在特别无助，特别希望男生能够帮帮自己的想法；也借机承认了自己之前的行为是十分伤害男生感情的。

本来就是相处多年的情侣，男生看到女生态度转变之后，也主动陪女生带狗狗去宠物医院治疗。

而女生也借此机会表达了对男生的感谢，认可了男生对她的重要性。男生看到了女生的改变，立刻态度转暖，告诉女生，需要帮助的时候可以联系自己。

几天后，男生主动提出要看一下狗狗。

借着一起遛狗的机会，我帮助女生想好了一套挽回对方的陈述：先借着带宠物狗就医这件事，再次表示对男生的认可和感谢，然后反思自己在过往感情当中的一些错误举动，最后真诚地向男生道歉，告诉男生自己其实一直都很需要他，但是自己的沟通方式有问题，反而伤害了男生的感情。

男生听了这些话后也十分感动,主动和女生说,自己其实也不是一定要做得那么绝,是女生之前的态度让自己实在无法忍受,其实都是一些小摩擦,如果两个人以后能够好好说话,那么还是愿意重新回到女生身边的。

我们可以明显地发现,男生的态度发生了急剧转变:先是对女生特别反感,一说话就吵架;而当女生调整沟通方式以后,却主动帮忙,甚至提出复合。

可见,选择正确的沟通方式,对维护感情是十分重要的。

**挽回知识点总结**

很多人在恋爱中都容易犯一个错误,就是过分情绪化,并且将不良情绪通过语言发泄出来。不敢正视自己的无助和对对方的需求,反而一开口就指责对方。但是实际上,这种指责是因为我们在无助之时产生了愤怒,而这种愤怒恰恰来源于我们对对方的在乎。

既然在乎对方,为什么不能用柔和的语气与对方好好沟通呢?为什么不敢直面自己的感情呢?

你要知道,很多时候,把话说开,是没有那么难的。

# 被前任讨厌到拉黑，竟然也能顺利挽回

### 案例概述

咨询者是一位男生，24岁，和女朋友在大学期间恋爱，一起经历了整个大学四年的时光。

参加工作后，男生还是像过去一样贪玩、不上进；而女生感觉到现实的压力，十分焦虑。女生指责男生不成熟、不上进，而男生反而责怪女生多管闲事。冷战三个月后，女生提出分手。

男生想尽了一切办法来挽回女生，但是由于在情绪失控的状态下对女生进行了消息轰炸，还去女生住的地方纠缠，导致女生十分厌恶男生，陆续拉黑了男生的多种联系方式，并且严肃警告男生：再给自己发消息，就会拉黑男生的手机号码。

### 案例分析

明明出现了矛盾和冲突，但是冷战三个月之后才提出分手；明明已经被男生的消息轰炸，但是一直没有屏蔽男生的手机号码，其他联系方式也是陆续拉黑。可见，女生对男生不是没有感情，而是忍无可忍后才下了最后通牒。

在这个时候，女生对男生的印象已经跌至谷底，必须依靠其他方式才能重新树立起自己的形象，让女生给自己一个机会。而树立形象这件事，一定不能让他自己来做，否则在女生看来，不仅没有可信度，反而会被看作新一轮的骚扰。

**【挽回关键词】**引入"中立第三方"，把握关键时间

### 挽回方式

我了解到案例的基本情况后，第一时间和男生进行了长达两个小时的电话沟通，稳定住男生的情绪，分析了现在的情况，并制订了以后的策略。

但是，男生认识到自己在之前挽回中所犯的错误后，问我是否可以向女生道歉，被我制止了。理由有三点。

第一，女生已经发出了严厉的警告，这时即使去道歉，女生也会因为情绪激动，而做出一些对双方不利的行为。

第二，这个时候，女生对男生的印象已经跌到了谷底，男生的话语再真诚，女生也听不进去。

第三，此时男生处在急于求成的心理状态，一旦与女方联络，是很难仅仅通过道歉来解决问题的，说着说着一定会再次试图挽回女生，这样只会令女生对他的印象进一步恶化。

大家要记住一件事：只有当彼此对对方都没有太多负面情绪的时候，才能实现"好聚好散"。

当对方因为某件特别反感的事情与你分手的时候，或者对方对你的一些行为持续不满而提出分手的时候，你是没有

必要再去反复向对方道歉的。

我告诉男生：在对方对你高度不满，并且拉黑你很多联系方式的情况下，你怎样表现都没有意义。你需要引入第三方来为你背书，让第三方将你的近况和你的想法逐步传递给你的前任。

男生想了想，说了三个他认为可以去做这件事的人。

**A**：女生的闺蜜、大学舍友，毕业后与女生合租，在女生那里说话很有说服力。之前与男生在学校的同一个社团，所以也认识男生。

**B**：男生的朋友，大学时关系最好的兄弟；因为过去与男生形影不离，所以也认识女生，并且加过女生的微信。女生和男生分手后并没有拉黑他。

**C**：男生的大学同班同学，也是男生的同乡；和女生曾经同为志愿者协会的成员；三个人都是大学同学，所以上大学时经常一起选课，一起完成实践报告。

这个时候，很多人都会在A和B中选，要么觉得A和女生关系好，说话管用；要么觉得B和男生关系好，一定会尽力帮忙——实际上，都选错了。

A是女生的闺蜜，和男生只是认识而已。由于男生的所作所为导致两人分手，因此A一定会站在维护女生的立场上，根本不会搭理男生，甚至对男生还可能存在很强烈的不满情绪。

B是男生的朋友，只要B一开口，女生绝对知道是男生在试图挽回她，只会更加讨厌男生，甚至连着B一起讨厌。

我们选取"独立第三方"的时候，一定要选择这样的人：和两个人都认识，但是与两个人的关系都不算亲密；对你们之间的感情有印象，也见证过，但并不十分清楚具体情况。

只有这样的人，才能够在不引起对方警觉的情况下，逐渐渗透一些信息给对方。而第三方也根本不是去当一个说客，只要偶尔传递一些信息给女生，让女生的态度逐渐转变。

正是因为第三方和两个人都认识，所以可以很自然地搭话；也正是因为第三方与两个人的关系都不算亲密，并不知道你们交往与分手的具体情况，所以会本能地觉得惋惜，愿意帮助你们复合。

以其他事情为借口，男生第一次约见了女生C，拜托了这样的任务。

我告诉男生，不要让C在女生面前说他的好话，只需要在聊天的时候适当插一句话："我最近看到×××了，聊了几句，他说他最近在备考非全日制研究生，这家伙挺上进的啊！"

这就够了，千万不要让第三方跑到女生那里对你赞不绝口，这样做目的性太强，对方一定会有所警觉。

在分手半个月后，女生从C口中得知男生正在认真备考非全日制研究生。因为是第三方传递的信息，再加上此时女生的情绪已经稳定，所以并没出现太强烈的负面情绪，还产生了一点好奇感。

当然，这个时候男生也没有闲着，我让他时刻注意提升自己，不管是最新的学习进度，还是工作的成果，抑或是自己外在形象的变化，都及时发布到朋友圈。

男生很不解地问我，前任已经在微信好友名单中删除了自己，这么做有什么意义。

我告诉他：第一，虽然前任看不到你的朋友圈，但是第三方可以偶尔截图发给前任，表示："我的天，他怎么都被选成储备干部了，我酸了！""这是×××？我感觉变化好大啊！"

第二，当你的改变成果越来越多的时候，前任意识到你的变化，即使她删除了你，也会特别好奇地偷偷观察你最近的动态。

而你的一次次改变与进步，都会让前任对你的态度逐渐扭转。

通过第三方传递的信息，我们得知，女生已经逐渐了解了男生改变的情况，对男生的态度开始逆转；另外，女生已经开始主动回忆过去两人交往的事情，说明对男生的感情再次被激发。

而我看到这样的情况，就和男生说："我们可以行动了。"

我亲手为男生代写了一封几千字的长信，主要包括以下几个方面的内容。

第一，问候对方，并表达对对方的怀念。

第二，讲述自己这段时间的进步，以及自己对于过往所作所为的反思和歉意。

第三，表示还想和对方做回朋友，绝对不骚扰对方。

我和男生说，马上就到12月末了，你就在12月31日晚上，通过一般人根本想不到的QQ邮箱发给她："虽然她之前警告你不许联系她，但是你已经不是当初的你了，如今她对你已经没有那么反感了。这是一个关键时间点，在这个很多人都和朋友爱人相聚跨年的时候，一个改变之后的你发来的消息，会让她重新想起你们甜蜜的过去，而且会最大限度地激发她的感情。"

但是男生提出了一个问题："既然这样，为什么不直接说复合呢？"

我告诉他："你们的分手原因是前任对你抱有负面印象，在刚刚恢复联系的时候，除非对方主动提起，不然我们绝对不要说一个与复合有关的字。因为你一说，又会让她想起你当初求复合时死缠烂打的样子，她会觉得其实你根本没认识到自己的错误，之前的一切都是你的铺垫，都是你为了挽回她而使出的手段。"

果然，在一月一日零点三十分的时候，女生把男生从微信黑名单里拉了出来。这个时候，我特别害怕这个男生情绪过于激动，又开始请求复合，所以再次强调了平常心的重要性。

而正是因为之前第三方传递了信息，女生意识到了男生的改变，又通过长信看到了男生的反思和成熟，所以当女生恢复与男生的联系的时候，对男生已经没有了当初的厌恶。

后来，两个人相约见了一次面，一起吃了饭，聊了天，顺其自然地复合了。

### 挽回知识点总结

第一，只有当彼此对对方都没有太多负面情绪的时候，才能实现"好聚好散"。当对方因为某件特别反感的事情与你分手的时候，或者对方对你的一些行为持续不满而提出分手的时候，你是没有必要再去反复向对方道歉的。

第二，我们选取"独立第三方"的时候，一定要选择这样的人：和两个人都认识，但是与两个人的关系都不算亲密；其对你们之间的感情有印象，也见证过，但并不十分清楚具体情况。

第三，当你的改变成果越来越多的时候，前任会意识到你的变化，即使她在通讯录中拉黑了你，也会特别好奇地偷偷观察你最近的动态。

第四，挽回信必须包含以下三项内容：一是表达对对方的问候，并表达对对方的怀念；二是讲述自己近期的进步，以及自己对于过往行为的反思和歉意；三是表示还想和对方做朋友，并承诺绝对不会骚扰对方。

第五，任何前任对你抱有负面印象导致的分手，在刚刚恢复联系的时候，除非对方主动提起，不然我们绝对不要说任何关于复合的话。